U0931790

聖經研究叢書

跨界福音

後現代世界裏的基督徒見證

包衡 著・李金好 譯

▼

聖經研究叢書

跨界福音

後現代世界裏的基督徒見證

The Bible and Mission

Christian Witness in a Postmodern World

原著

包衡 Richard Bauckham

翻譯

李金好

審閱

黃愈軒

執行編輯

李慧儀

裝幀設計

郭曉勤

■

出版／發行

基道出版社

香港沙田火炭坳背灣街26號富騰工業中心1011室

LOGOS PUBLISHERS

Unit 1011, Fo Tan Ind. Centre, 26 Au Pui Wan St., Shatin, Hong Kong

電話：(852) 2687-0331 傳真：(852) 2687-0281

網址：http://www.logos.com.hk

澳洲總代理

基道書樓LOGOS BOOK HOUSE

4 Tooronga Terrace, Beverly Hills 2209, N.S.W., Australia

電話：(612) 9554-3631

承印

海洋印務有限公司

香港德輔道西444號香港工業大廈1樓D室

●

6/2004 初版

Cat. No. LP152

ISBN 962-457-256-9

First published in 2004 by

Paternoster Press under the title *The Bible and Mission.*

Printed in Hong Kong

本書源起：依斯萊講座和費魯門修講座

依斯萊講座（The Easneye Lectures）

依斯萊（Easneye）是位於英格蘭倫敦以北二十五英哩，草原河（River Lea）邊一座小山的名稱，介乎哈德福夏郡（Hertfordshire）的威爾鎮（town of Ware）與阿博特斯村（village of Stanstead Abbotts）之間，在一八六七年給卜子彤男爵（Sir Thomas Fowell Buxton）的公子買下。卜子彤男爵綽號「解放者」，於廢除奴隸制度的事情上，與韋爾伯佛思（William Wilberforce）同樣貢獻良多。

自一九七一年起，依斯萊成了**萬國基督教學校（All Nations Christian College）**的校址。它自一九二三年創校以來，一直訓練跨文化的基督教宣教人才，就是那些為福音的緣故，不斷從世界各地前來並又去到地極的僕人使女們。

卜子彤男爵辭世後，其夫人（Lady Hannah Buxton）在寫給孫兒的一封信裏，透露了她為依斯萊那所華美的房子所作的禱告（信的日期是一八六九年五月八日）：

> 願在基督裏的忠心神僕——因基督的緣故作僕人的——居住於此；又願它成為神的住處，藉著聖靈在居住者的心中，基督受尊崇、承認、服事；又願此地成為世界上、教會中的一股祝福泉源。

這個異象不斷激勵著那些在萬國基督教學校生活、工作和學習的人。舉辦**依斯萊講座**並將其內容出版，也是本於這種精神。每年一次，由一位在宣教學方面知名的客席講師蒞臨本校主講一系列的講座。講座的目的，是要就宣教的實踐，提升神學反思的水平，要發現世界各地豐富的宣教歷史，並就有關宣教的議題及挑戰的時下爭論，提出一些建議。

柯普游 (Joe M. Kapolyo)

萬國基督教學校校長

✣ ✣ ✣

依斯萊講座的這個系列，先是由包衡教授 (Professor Richard Bauckham) 在二〇〇一年秋在萬國基督教學校主講的。隨後，二〇〇二年春，他在衣索匹亞 (Ethiopia) 亞的斯亞貝巴 (Addis Ababa) 的衣索匹亞神學研究院 (Ethiopian Graduate School of Theology) 以**費魯門修講座 (Frumentius Lectures)** 之名，主講了同一系列的講座。

對於大部分基督徒而言，差傳是以馬太福音二十八章18至20節為起點和終點的。這段經文在我們的差傳觀上佔著一個重要的位置，更是聖經中一切論到神和論到差傳的教訓的高峯。

包衡教授無疑是教會圈中最卓越的思想家之一，他在本書內詳細闡明聖經中的差傳這個主題，叫我們得益不少。

教會在世界各地的擴展，不但受到參加人數下降的損害(特別在西方國家裏)，也遇到信心方面的障礙：在世界各地都領人歸向基督，是正確當行的嗎？很多基督徒在身分危機中掙扎：我們真的要出去，使萬民作門徒嗎？

我被本書的內容吸引，特別是因為包衡教授的鋪陳方式，是從神的觀點出發的全面的差傳觀，並不是就一兩節經文大做文章，而是就差傳在整部聖經裏的出現，作出有系統和前後一致的探討。本書必會刺激基督徒讀者的思想，必會對那些在天國差傳事業上感覺信心不足的人，產生鼓舞的作用。

各位實踐差傳的、教導差傳的、學習差傳的，以及一切參與普世差傳的基督徒，我誠意向你們推薦本書。

柯普游 (Joe M. Kapolyo)

於 依斯萊

哈德福夏郡

❖ ❖ ❖

費魯門修講座 (Frumentius Lectures)

只要短短的時間，就可以在衣索匹亞這樣的一個國家裏，看見發展中國家的貧窮問題，其實遠遠不止經濟剝削而已。從某些方面看，金錢上的缺乏不過是一個症狀，更基本的，是資源方面、教育方面的貧乏，缺乏接觸不同思想、不同資訊的途徑，就一些最切身的事情進行交流的機會也都貧乏。這種種貧乏所產生的疏離，使得我們更加缺乏。

衣索匹亞神學研究院在一九九九年設立費魯門修講座，部分原因是出於以上的關注。講座的名稱，是為了紀念四世紀把福音帶到偏遠的衣索匹亞高地來的一位敍利亞傳教士。衣索匹亞隨後一千六百年的基督教歷史形成了豐富的傳統，只是它跟其餘的基督教世界大致上是沒有往來的。

包衡教授主講的這系列講座，現經修訂結集成書，不啻是一服美妙的催化劑，激發我們把衣索匹亞的福音帶到衣索匹亞之外。講座不僅就今日世界基督教差傳的本質，提出了透徹的聖經和神學方面的反省，而包衡教授與衣國基督徒的親切交往，他對衣國基督教的發展和狀況的真誠關懷，更是一個美好的模範，說明了何謂一個胸懷普世的基督徒。我們滿心感激。

白雷恩 (Steve Bryan)

於 衣索匹亞神學研究院

亞的斯亞貝巴

作者序

本書的緣起，應該追溯至一九九九年十一月，我在劍橋主講的一次講座：「從聖經詮釋看差傳」("Mission as Hermeneutic for Scriptural Interpretation")。它是「世界基督教時事工程」(Currents in World Christianity Project) 所主辦一連串討論差傳神學的講座的其中一次。我感謝該項工程的監督史丹利博士 (Dr. Brian Stanley)，以及講座的會議召集人哈迪教授 (Professor Daniel Hardy)，因他們的邀約，激發我從宏觀的聖經角度思考差傳的問題。

是次講座以後，萊特博士 (Dr. Christopher Wright) 請我到萬國基督教學校就同一主題主講每年一度的依斯萊講座，其時他任該校的校長。我感謝他的邀請，那使得我必須充實一下劍橋的講稿，使之成為一篇更詳盡、更成熟的研究。之後，衣索匹亞神學研究院的白雷恩博士請我到亞的斯亞貝巴主講費魯門修講座。我覺得，同樣的講座材料對兩批聽眾會同樣適用。

當我在二○○一年秋主講依斯萊講座時，萊特先生的校長一職已由柯普游先生接任。我感謝他及其他人（特別是哈維〔Richard Harvey〕和布里格斯〔Richard Briggs〕）的接待，並與我談論講座的詳情。能夠對一個如此投身致力於普世差傳的團體作出些微貢獻，確是一大榮幸。

二○○二年二月，我在亞的斯亞貝巴主講的費魯門修講座，是個每年一度由衣索匹亞神學研究院贊助舉辦的公開講座，那年所舉行的是第三屆。這個講座以那位在四世紀把福音帶到衣索匹亞來的先賢命名，我於此擔任講者，實感榮幸。我在衣國的日子充滿美好的體驗，我發現這國家雖是世界上經濟最貧窮的國家之一，但它在基督教歷史和傳統、藝術和文化、在今天活出和實行基督教信仰而言，卻是何等堅實豐富。亞的斯亞貝巴擁有八間神學院(分別屬於衣索匹亞東正教、更正教〔Kaleheyeet和Mekane Yesus〕、門諾會、五旬宗及羅馬天主教)，並有許多具恩賜且委身的神學生，我估計這個地方作為神學和差傳中心的角色會愈來愈重要，不但在衣國增長中的眾教會之間，在更遠之地也要如此。

我在衣國的日子獲益良多，是由於得到多人的幫助。我特別想向以下人士致謝：Steve and Dawn Bryan、Mistru Kebede、Debela Birri、Paul and Lila Balisky、Bill and Stephanie Black、Erik and Kim Redelfs、Art and Sue Volkmann、Simon Mulatu、Phil Johnson,、Bill and Sarah Goodman、Ivar Vegge、Tony Weedor和Yosef Bezeded。

我在衣國北部的拉利貝拉(Lalibela)聽過一個傳說，談到那些在十二世紀從磐石鑿出來的奇特教堂是如何建成的。拉利貝拉的君主動用了大量人力，在日間不停工作；夜間，卻有天使來作工，人力在日間鑿了多少石，天使會多鑿雙倍的。在我看來，那是一個比喻：神能夠利用我們為祂做的一切，造出更大的成果，遠遠超過我們自己所能達到的。在寫本書時，我心中就是這麼想。

理察・包衡

於 聖安得烈大學

二○○三年三月

目錄

第四章　在後現代兼全球化的世界中為真理作見證

第一章

神國詮釋論

九一一之後的世界——超級大國與穆斯林聖戰之爭？

本書的一個大主題，會是特殊 (particular) 與普遍 (universal) 的關係。在二○○一年的最後幾個月，報章用了大量篇幅就二○○一年九月十一日發生的眾多事件（美國人所稱的九一一）作出反省，也就這些事件所揭示的世界作出反省——我們現在全都不得不承認世界是這樣的，我們也真的活在其中。我選了以下一則評論作為本書的起點，因它涉及了特殊與普遍的討論，帶出了我們在餘下的篇幅裏將要努力探討的問題。

英國的《泰晤士報》有一個從宗教角度評論時事的專欄。二○○一年十一月三日，該教理專欄由英國的首席拉比薩克思 (Jonathan Sacks) 執筆。此時，九一一的恐怖仍在薩氏心頭，他在文中提出支持多元化 (diversity) 和獨特性 (particularity)，反對他所謂的「大同文化」(universalist cultures)。所謂「大同文化」，是指那些自認為擁有普遍真理，因而著手改變世界，使之服從這真理的文化，或（他並暗示這是可能的後果）將這真理強加於世界的文化。這文化大同主義是「與帝國主義相映成對的文化」。在過去，西方文明世界經歷了五個這類大同文化：古希臘、古羅馬、中世紀的基督教、伊斯蘭教，以及現代西方啟蒙運動的文化及其影響。這一切：

> 為世界帶來無可估量的恩賜，卻也帶來巨大痛苦，最明顯而非惟一的受害者是猶太人。它們像潮水般抹去各種民間習俗、古老傳統，和不同的做事方式。它們之於文化的多元性，就如工業化之於生物的多元性，它們把較弱小的生活形態消滅，消除差異。

我們應當留心，薩氏並非不欣賞這些文化，只是叫他痛惜的是，這些文化寧可犧牲那些不及它們優越的獨特和多元的文化，不惜一切地要把自己變成大同文化。

以下是薩氏所寫的，九一一的意義：「九月十一日，碰巧，兩個深受對方威脅著的大同文化迎頭相撞。」他在此指的並非基督教。換句話說，薩氏沒有承接穆斯林世界(和一些西方人)的一般看法，以為西方——美國和她的盟友——代表著全世界的基督教，西方與富戰鬥精神的伊斯蘭教的相撞，是基督教與伊斯蘭教兩個宗教文化的相撞。該看法嚴重誤解了基督教在當今世界的角色。薩氏正確指出，在西方，並在其影響力和勢力所及的世界廣大的地區，我們正處於第六個大同體系之內：全球化資本主義(global capitalism)。這一大同文化遠較前幾種文化有更明顯的普世目標；在這文化裏，一個勢不可擋的經濟體系對生活的所有層面都起著決定性的影響。據薩氏說，它：

> 是第一個非由信念，而由一系列制度——市場、傳媒和互聯網——驅動的文化。但它影響的深遠，卻不比前幾種文化遜色，它危害一切地方性的、傳統的、獨特的東西。

儘管薩氏在此把信念和制度對立起來，有其誤導之處——因全球資本主義必有驅動它的信念，與主張自由市場的經濟自由主義是分不開的，而古羅馬或中世紀基督教國，也肯定有其勢力龐大的制度——但他毫無疑問說對了一點：那些想要消滅美國的伊斯蘭極端分子，正確地把美國與經濟全球化、與中東地區軍事霸權等同了，故他們襲擊世貿大樓，也襲擊五角大廈(譯按：美國國防部所在)。伊斯蘭極端分子不會忘記包括十字軍在內的歷史，在他們眼中，美國在經濟和軍事方面的操控權，無疑表現了新一代的基督教帝國主義。可是，伊斯蘭教傳統以來也都渴望主宰世界，一向期待世界歷史能夠——藉神的計劃和人的努力——達致倭米(Umma)的境界，那就是伊斯蘭教的普世勝利，建立一個普世性的伊斯蘭教國家，其中不容許有別的信仰或生活形態。薩氏提到，在多數伊斯蘭教教徒而言，對數以千計的無辜平民進行有計劃的屠殺，總不會是可接納的手段——這一點是不得不提的，也具有重大的意義——但照薩氏的說法，全球資本主義和伊斯蘭教，兩者的確是深受對方威脅著的，而從某種意義看來，九一一事件及之後的餘波，正代表著兩者的相撞。

至此，我們應稍停下來，需要對薩氏一文涉及的兩個概念加以留心，因它們對了解我們現今的世界是絕對必要的，並且，對了解本書也很重要。在本書的末章，我們會回到薩氏所提的問題來，那時候，它們就顯得尤其重要；不過，如果從開始就讓它們存在於思想中就更好了。第一個概念是「宏大敍事」(metanarrative或grand narrative)的概念。儘管薩氏沒在文中用上此語，但他明顯反映了那些運用此語的人的想法。當他論及大同文化——這類文化具有一種驅動自己成為普世的文化的意識形態——的時候，他是說那些以宏大敍事的眼光來看世界的文化。所謂「宏大敍事」，就是一段敍事，講及整體現實的意義，或至少，講及人類整體現實的意義。宏大敍事是一種嘗試，透過講述一段敍事，掌握整體人類歷史的意義和命運；要在單一個全面性的敍事裏，將包羅萬有的人類故事涵括其中(似乎説，這是可能的)，並總結出一個單一的意義來。古羅馬有一個故事論到它廣大的國度，把全世界各個民族和文化納入一統的羅馬帝國之內，這意味著全人類要因此而得享太平繁榮。不消説，那只是羅馬為鞏固本身政權的一種意識形態，它宣揚一個「讓全人類受益」的神話：就連那些被羅馬為一己之利所征服的民族，也都必定可以從中獲益。不但如此，羅馬帝國將其合法性訴諸於羅馬諸神，因此它的政治神話也可算是政治神學。我們在此看出宏大敍事的含糊性是何等危險，的確，它們經常被用作為帝國主義和壓迫他人的手段。到底這些宏大敍事是否必定如此，我們還須在下文詳細思考，但不能否定的是，它們經常成為使權勢和壓迫合理化的敍事，它們把施行剝削者的真面目包裝起來，讓其得以聲稱擁有神授的權柄，並能使普世受益。

在多個世界性宗教之中，基督教和伊斯蘭教各自講及一個關乎整體現實的故事。聖經——在本書內，我們將十分嚴肅地看待聖經——講及一個故事，從某種意義看來，它涵括了其他所有關乎人類的故事，把它們融入它那個論及世界的，神的故事的意義之內。直到現代之前，所有的宏大敍事都分明是宗教故事，可是到了十八世紀，就出現了兩個主要的非宗教故事，它們對世界的影響力，足以和任何世界宗教相比。它們就是在薩克思一文中居第五、第六位的大同文化。歐洲的啟蒙運動產生了進步論(the idea of progress)，是西方現代性賴以存活的超級神話。進步論是一個關乎世界歷史的神話，它揚言：人類的前路正邁向一個更好的未來，最終達致烏托邦的境界。這些屬於西方非宗教現代性、崇尚理性的價值標準，被人採納為普遍的價值標準，其宣揚的，是所有人的天然福祉；而當一切地方文化被那些不證自明的、西方現代性的好處所廢棄之時，人類就在進步。進步的途徑是教育、科技和霸業(帝國主義)。西方價值觀與科技被真誠仁慈地傳開了，與此同時，世界其餘地方的資源就受到大規模的控制，好使西方國家愈見繁榮興盛。進步論這個宏大敘事，實際上是一個宣揚權勢的敘事，縱然它其中一項主要的價值標準是自由。

有很長的時期，馬克思主義曾是極具影響力的一個宏大敘事，它是啟蒙運動下進步論的一種變形。而所謂共產主義的沒落，就為世界廣大地區清除了障礙，使這些地區能接受那以新形態出現的一種西方意識形態及其權勢，即薩氏一文第六個大同文化：全球化資本主義或經濟全球化(economic globalization)。如前所言，在討論初期說明兩個概念將對我們往後的討論很有幫助，全球化(globalization)就是第二個要說明的概念。就著它作為一般現象來說，全球化是指世界如何迅速地變為一個整體，各個部分的互動和相互關係幾乎不受地理限制(現代傳媒和新的資訊科技在這方面居功不少)；但說得準確些，我們正討論的現象是經濟全球化，或者說，由全球化資本主義主宰世界。這過程毫無疑問是由西方主導，一種所謂普遍的意識形態——以不受規管的自由市場資本主義為不證自明的一件好事——為那些有經濟實力者帶來經濟利益。全球化是新的帝國主義，純是經濟方面而非政治性的帝國主義。全球化是昔日進步論的延續，只不過把進步的範圍約化到經濟增長的層面：有了經濟增長，一切好處就假定會隨之而來。全球化講及一個故事：全球化資本主義是如何所向無敵，它所宣揚的文化如何可以一統天下。據薩氏說，今天與這個宏大敘事對抗的，不再是之前那個馬克思主義的宏大敘事，而是歷史悠久得多、富戰鬥精神的伊斯蘭教宏大敘事：兩者都是要一統天下的事業。

從後現代主義(一個關乎思維和文化的運動)的角度看，免不了要對所有宏大敘事作出一番批評。後現代主義的概念認為，宏大敘事——譬如，特別是啟蒙時期的進步論——都是典型的現代產物。後現代主義是反作用，對所有宏大敘事一一拒絕，因後者要把本身的價值觀或文化變成大同文化，必然是獨裁的，壓制人的。後現代主義揭露宏大敘事是權勢的企業，它與宏大敘事相反，並不崇尚這類大同主義，寧可選取獨特性、多元性、地方性和相對主義。在本書末章，我們會回頭看看後現代主義對宏大敘事的評價。

好了，我們現在可以繼續思想薩克思的文章，並他的教訓——他從大同文化的一統特性及其宏大敘事所產生的壞影響(在他看來如是)所引出的教訓。身為首席拉比，他自然關心這問題的宗教層面，以下是他意見的結論，既具猶太色彩，又相當後現代：

> 大同主義是帝國主義的文化配對。並非所有真理都是普遍通行的。科學的真理是普遍通行，但屬靈的、宗

> 教的，以及至少有部分的道德真理就不是……換一種說法就是，神和宗教之間有一個基本的分別：神是普遍 (universal) 的，宗教是特殊 (particular) 的。尊重多元化，即等於服事那位創造多元化的神，神不願意所有的宗教、文化都是一個樣子，正如慈父不願意孩子們個個都是一樣……惟有當我們曉得，神喜愛不同的時候，我們才能在這個紛擾的世界締造和平。由是，我們必要曉得：神的確是喜愛不同的。

在此，有許多東西值得我們停下來想一想。例如，試在這兩件事之間作個比較，讀者會得到啟發：塔里班一舉摧毀阿富汗罕有的石雕佛像，叫西方國家震驚；以及已被商業化的美國文化在整個非西方世界所表現的殘酷的大同化，以所謂「可樂殖民地化」(Coca-colonization；編按：這是美國報刊記者創造的用語，意指美國食物，包括可口可樂、百事可樂、麥當奴等，進入發展中國家的開放市場狀況) 的方式，對地方文化構成漸強的威脅。假如好戰的伊斯蘭教——說得差一點——是以蔑視、壓制和野蠻的態度來對待文化的多元性，那麼，經濟全球化也是一樣，不過，當它這麼做的時候，常常是把地方文化吞併了，使之變成商品，用作買賣，將之消化，成為其獨一經濟文化的一部分；卻只有可以轉化成為商品用以圖利的，才得以保留下來。

然而，在整個討論中，基督教的角色是甚麼？在超級大國與穆斯林聖戰的大同主義之間，基督教所佔的角色是甚麼？在此值得先提一點 (因為它往往被人遺忘了)，基督教有非常突出的多元文化的特性，不論是過去的歷史或是當代事物，都表現了這個特色。司馬德(Ninian Smart)寫了一本書，名為《基督教現象》(*The Phenomenon of Christianity*)，其目的之一，是對那些沒經過思考，以為「所有基督教都不外乎像他們所想的那樣」的讀者們，説明這普及全球的基督教是如何多姿多采。此書以羅馬尼亞的東正教教會開始，毫無疑問先為讀者製造了一種陌生感。他斷言：「基督教不是某一東西，而是一個萬花筒，包含對信仰富生命力的種種詮釋。」[1]接下來他舉例説明他的要點；他問道：

> 賓夕凡尼亞州的阿曼門諾派基督徒(Amish)，跟南非祖魯族人(Zulu)教會有甚麼共通的地方？瑞典〔信義宗〕與衣索匹亞的古老信仰有甚麼共同點？意大利倫巴底的天主教教義，與〔美國〕喬治亞州的浸禮〔他是指浸信會〕或伏爾特迦人(Voortrekkers)〔南非的非洲人〕的加爾文主義，有甚麼相似的？[2]

當然，他沒否定當中確會存在著某些共通之處，而在該書的末章，他就檢視了基督教與其他世界宗教的分別，並探討上述例子間的共通之處。不過，他的書是適切的提醒：無論怎樣把基督教界定為一個歷史性的世界現象，文化的同種同質總不大可能是基督教的特色。差不多可以肯定，基督教比任何別的宗教都展示了更豐富的文化多元性；這告訴我們甚麼？我們必能從中知曉一些關於基督教的事吧？

話說回來，此刻其實並非要挑戰首席拉比薩克思的主張，他說：「神和宗教之間有一個基本的分別：神是普遍的，宗教是特殊的。」這可會是真的？只要稍作推理，就很快會碰上這個老問題：各個宗教之間的神觀鮮有共通之處(考慮所有宗教，不限於那些有較多共通點的)。因此，各種宗教的神觀是從屬於各自的特殊性，而不從屬於神的普遍性。並非所有宗教都相信神是萬有的創造主；那麼，薩氏表面上論及神的普遍性的主張，事實上會否只是猶太教、基督教、伊斯蘭教以及幾個別的宗教所構成的獨特性的一個層面？雖然，把神的普遍性與宗教的特殊性區分清楚，至少在目下很多西方人看來是相當吸引的，但觀乎西方社會以及全世界的宗教的多元化，就很難不退到相對主義，很難堅持說：各種真理都是同樣好的。我想，我們必須從另一個起點著手。如果我們要講的是聖經裏的神(薩氏講及的無疑是祂)，那麼，我們就一定要說：**神**是既普遍又獨特的。猶太人聖經裏的神，既是創天造地的神，又是亞伯拉罕、以撒、雅各的神；這位神的慈愛旨意在萬國之中運行，同時，祂又單單揀選以色列，並選擇向其他國家民族實際顯明自己是以色列之神；祂既是那充滿天地的神，又是那住在祂百姓中間的。如果說，普遍性的特性只適用於神，而特殊性只限於宗教，根本就不對。於神來說，兩種特性都適用。我們不是把神從祂在以色列歷史的獨特性中抽離而發現祂的；我們是從祂作為以色列的神、並(基督徒可以補充薩氏的說法)作為耶穌的神這特殊性之中，發現這位普遍的神。

我就是循著這個路向來探討本書的主題的，因我將在下文談論差傳，並聖經如何引領我們理解差傳，而有關普遍性和特殊性的問題，對以下討論是絕對必要的。有關「特殊」與「普遍」的關係，聖經有它本身的一套概念，而教會的普世差傳正屬於這個關係的範圍，並從其中獲得意義。差傳就是，由耶穌基督一人把人類差遣到全世界，作祂的見證人。在耶穌故事中神作為的特殊性，與神國度的普世來臨之間，差傳在進行中。當個別的人蒙神呼召，從此處去到彼處，在此處或彼處為了全人類的緣故為神而活，差傳就在進行中。可是，就這個從特殊到普遍的進程來說，薩克思的見解使我們不得不面對一些難題：這可真的是宗教同化，把世界的多元性統統抹掉的「海嘯」？這是不是一種教會帝國主義，或教會全球化，應該受到批評，即如後現代主義之對啟蒙運動、反殖民地主義者之對西方帝國主義，並反全球化分子之對經濟全球化加以批評一樣？它有沒有(我們可以這麼說)在促使一個「特殊」變成「普遍」的同時，壓抑並消除了其他所有的「特殊」？從這方面看，它是不是後現代主義者的所謂「總體化」進程("totalizing" movement)——這名稱也許比薩氏以「大同文化」來指稱他所描述的現象更為準確？正視這些難題(我們將在本書末探討)，將有助我們避免曲解聖經裏的差傳觀念，更有助我們為基督徒在世界的角色定位——這是九一一及其後諸事頗意外地向我們揭示了的一點。現在，我們必須先看看聖經本身的敍述。

神國詮釋論——大綱

本書既不是論述聖經差傳觀的經文集，也不是論述差傳的聖經神學。說到聖經的差傳，有許多應談而不會在此談論的東西。本書的目的較為傾向詮釋學；換言之，它講的是如何理解聖經，嚴肅看待其差傳方向。[3]我會嘗試說明，聖經本身如何表現了一種從特殊到普遍的進程，而我們作為解經人，需要在其中尋得自己的位置。聖經是以神國為目標的作品，也就是說，它指向一個目標：神的旨意如何為了祂所造的世界的美善而實現。這是一個普世的方向，以頂嚴肅認真的態度看待特殊。無論是教會或個別基督徒，永遠都是以聖經並我們自身處境所限定的特殊為起點，依循聖經的方向，邁向普遍；這普遍並非抽離其他特殊，而是也可以從其他特殊中發現的。這是差傳。

甚麼樣的詮釋論，方能讓我們進入聖經本身那個從特殊進到普遍的差傳方向？首先，這必須是採取正典進路的一種詮釋論，就是，把聖經作為一個整體來解釋。其次，它會是一種採取敘事進路的詮釋論，即是說，它看得出聖經如何在講說一個故事，而這故事可算是一個單一的故事，其中涵括了許多別的故事，又包含了多種形式的非敘事體，全部構成了一個整體方向，一個宏大敘事，如上述所說，關乎整體現實，闡明整體現實意義的一個故事。取敘事進路的詮釋論承認：故事從文本開展一個世界，從而為我們解釋自己身處的世界；故事開拓了有關生活的種種新的可能，為我們和我們的世界帶來轉機；我們從自身的生活故事以及相關的大故事裏，獲得了身分。這樣側重聖經的敘事本質，不但是公平對待聖經的敘事本質，也使得一種與人生經驗的本質相關的詮釋論變得可能。講故事是人類天賦的本能。有人說，人類世界是由故事模造的。[4]我們都按本能講一些故事，表達我們對世界的理解。如果聖經鋪陳了一個宏大敘事——一個涵蓋所有故事的故事，那麼，我們每個人都可以把自身的故事放置在這個大故事之內，並從前者與後者的關係，發現自身對世界的觀念和經驗，如何被轉化過來。

本書提出的神國詮釋論，正如我之前提過的，是聚焦在聖經故事的敘事模式中的一個重要層面——從特殊到普遍的進程。我已約略提過，聖經故事的方向，是與聖經裏的神相配的，祂既是以色列這一個民族和耶穌基督這個人的神，又是萬有的創造者和主宰。這位聖經裏的神，其身分也是一個**敘事**(narrative)的身分，我們若看出這一點，就更能欣賞到神自己是如何兼具普遍性和特殊性了。神從以色列和耶穌身上顯出的，是一個特殊身分，這身分本身把故事的發展推往一個方向，就是：神的國在整個受造世界中達至普遍的實現。神把自己界定為亞伯拉罕的神、以色列的神、耶穌的神，**好讓**自己成為萬民的神、萬物之主。再者，在聖經的敘事世界裏，神的子民也在這個從特殊到普遍的進程中，被賦與一個身分，這身分擁有神賜的動力——通常以「差傳」名之。神、神的子民、神造的世界，主要是在一個不斷連結著特殊與普遍的故事中互相聯絡的。

倘若我們再仔細察看整個聖經敘事從特殊發展到普遍的進程，我們就可以看見，這個進程有三方面，或三個向度：時間性的(temporal)、空間性的(spatial)，和社會性的(social)向度。現在，我們先概略看看這三個向度。我們將會發現，不論是哪個向度，我們對整個聖經故事的論述，都會引出一些關乎差傳的重要事情。

(一) 整個聖經故事的**時間性**進程，涵蓋了從創世到終末未來的全部時間，它由舊時代進到新時代，不斷回想並重新建構記憶中的過去，又在充滿期待中建構未來。在這個進程裏，差傳是邁向神那個新未來的進程；它是神子民的進程，他們的身分不但從整個故事的過去部分獲得肯定，而且，也從他們被這個故事轉化，朝向神國未來的來臨一事中獲得肯定。當他們從故事中發現自己的時候，這故事就為他們帶來種種新的可能；這些可能，就是當他們朝向神的未來而活的時候，神要賜給他們的。如是，從時間性的向度看，**差傳是邁向全新的未來的進程**。

時間性的進程固然不一定從特殊進到普遍，但在整個聖經敘事中就確實如是。由創世記十二章到啟示錄，聖經的敘事必定是從一個過去的獨特情況過渡到那個普遍的未來。從耶穌的生平，到祂未來的來臨，及至神國在整個受造世界的來臨這個進程中，斷然是這樣。是耶穌的生與死和祂的復活，為整個受造世界開拓了一個新的未來；並且，新約聖經對未來的認識，也完全繫於耶穌那個普遍的未來，即由其特殊敘事所建構的未來。差傳是介乎耶穌自己受父差遣，與祂未來在父的國度裏來臨之間的進程。

(二) 整個聖經故事的**空間性** (或地理性) 進程，包括了從一地到各地，從中心到外圍，從耶路撒冷到地極的進程。這也是由神推動的進程，神的拯救計劃從祂在以色列民中間、祂在聖殿的獨特臨在，進展到祂普世國度的來臨；教會也從這種地理進程中發現自己的身分。如是，從空間的向度看，**差傳是邁向新領域的進程**。

我們在下一章，將更詳細討論差傳的地理向度。那些常常認真看待歷史的聖經學者，很少以同樣認真的態度看待地理，然而，如實的地理描寫和神學性的地理描寫，卻是整個聖經故事中重要的一面。哲學家利科（Paul Ricoeur）寫過一本影響深遠的作品，名為《時間與敍事》（*Time and Narrative*），書中有關神國的詮釋論，必要從聖經神學入手。探討神國詮釋論也需要從聖經神學入手探討空間與敍事，然而利氏卻沒有寫一本《空間與敍事》（*Space and Narrative*）——那書之所以沒寫成，無疑是因為哲學與文學研究往往會對時間和歷史比較感興趣，更甚於對空間和地理。

（三）時間與空間的進程，也同時是人的活動：從個人到個人，從民族到民族。舊約聖經典型地以家譜來計算時間，而新約聖經就以旅程來量度空間，兩者都是以人類的發展作為量度工具；比較起來，現代世界就喜歡用非人性的抽象標準作為量度工具。可以說，整個聖經故事的社會性向度的進程——或數字性向度的進程（numerical movement）——是從一到多，從亞伯拉罕到萬民，從耶穌到天上地上、以及地底下的萬物。如是，從社會向度看，**差傳是一個不斷有其他人加入的進程，因此，是不斷由新的一羣人所締造的進程**。

整個聖經故事的進程，就是如此循三個向度——時間性、空間性和人類社會性的向度——從特殊進到普遍。聖經有許多具體的故事，從這三方面勾畫出由特殊到普遍的進程。亞伯拉罕環視那片將要由他的子孫佔據的土地。摩押人路得把自己的命運寄託於她婆婆，寄託於她婆婆和她婆婆同胞所信奉的神：她在一片新的土地上，在新的同胞之中尋見一個新的未來。先知以利沙毋須耗損一兵一將，把敍利亞軍隊統統送回家。尼布甲尼撒王在恢復神志的同時，明白神的國度是真正獨一無二的永恆國度。將為人母的伊利莎白和馬利亞，為她們懷孕所帶來的未來歡欣慶賀。耶穌與稅吏同餐、潔淨痲瘋病人、使死人復活。古利奈人西門擔負耶穌的十字架；百夫長覺悟被釘耶穌的身分；非比姊妹為保羅往訪羅馬的行程先作準備；阿尼西謀回到主人那裏，二人成為主內兄弟。以上例子差不多是隨手拈來。我們一旦明白了神旨意的進程的三個向度，就可以從創世記到啟示錄，輕易找到用千萬種方式演繹的具體例證。要明白聖經裏特殊與普遍的關係，既須留心這些故事獨一無二的特殊性，也須留心它們在整個聖經宏大敍事中，其所佔的位置所朝向的普遍領域。

像這類宏大敍事，有它所朝向的、一個明確的未來目標。這目標的實際**實現**(當百分之一百的普遍達成，故事結束之時)，當然不能以歷史故事來描述，因為那仍是未來之事；甚至也不能用寫實的虛構故事來描述，因為它所盼望的結局，超越了人所能描述的現實世界中的一切。聖經裏的寫實故事(realistic narratives)所能描述的，不外是那個周而復始地從特殊邁向普遍的進程，而這個進程之所以能邁向普遍，是有賴於其他特殊的；因為最終的目標並非一個抽象的普遍，而是所有特殊集齊在獨一神的獨一國度裏。要描述目標本身，不是藉寫實故事，而是藉著豐富多姿的敍事式隱喻或意象(narrative metaphor/images)。以下列出福音書中所見的三個隱喻(或意象)為例；三者分別代表著進程的三方面，即時間性向度、空間性向度和社會性向度。

（一）第一個例子是耶穌說的，種子自長的比喻：

> 神的國如同人把種撒在地上。黑夜睡覺，白日起來，這種就發芽漸長，那人卻不曉得如何這樣。地生五穀是出於自然的：先發苗，後長穗，再後穗上結成飽滿的子粒；穀既熟了，就用鐮刀去割，因為收成的時候到了。（可四26～29）

在此最突出的是時間性向度。當播種的人日復一日平凡地過活，他早已播下的種子發芽生長起來，直到收成的一刻（收割是聖經裏常見的意象，表示終末結局的來臨）。他不知道種子是如何長起來的。一世紀巴勒斯坦的猶太農夫，不大會以為那是自然的因果律，反會認為那是一年一次的神蹟，是神的權能和慷慨，是祂自己的作為，正如保羅想：他栽種了，亞波羅澆灌了，但使之生長的是神（林前三6）。從耶穌在傳道歷程中播下的種子到終末的收割，其間的進程是人所無法預計，無法成就的，那是神的恩賜。就著差傳的呼召而言，與其說教會是邁向神目標這過程中的作用者，不如說它是過程中的產物。

（二）芥菜種的比喻（可四30～33及平行經文）再次運用了耶穌比喻中常見的農耕意象：

> 神的國，我們可用甚麼比較呢？可用甚麼比喻表明呢？好像一粒芥菜種，種在地裏的時候，雖比地上的百種都小，但種上以後，就長起來，比各樣的菜都

> 大，又長出大枝來，甚至天上的飛鳥可以宿在它的蔭下。(可四30～33)

驟眼看來，這個比喻傳遞的意思，似乎和種子自行生長的比喻沒有分別，但事實上，它有自己獨特的含義。這裏強調的是空間性向度，以最小的種子和最大的樹作成對比。此處對芥菜種大小的描述，使人想起神話式的世界之樹的意象：它的樹幹從世界中央長起來，枝葉覆蓋全世界；早在但以理書(四10～12)和以西結書(十七22～23)，這個意象已用來代表神普世的國度，樹上的鳥兒代表萬國，他們享受著伴隨神的統治而來的祝福。此處的重點不在生長過程，而在乎：一個毫不起眼的開始，將要帶來出乎意外的驚人結果。正如先前提過的第一個比喻，我們不應該把這個比喻跟現代進步論混為一談，也不應該把種子任何階段的穩定成長比作那棵世界之樹的成長。耶穌和祂那羣並不討人歡喜的追隨者毫不耀眼，實在教會亦相差無幾。神無法估量的恩賜，總是由特殊開始，然後逐漸發展的。

(三) 福音書裏的第三個比喻是行動式的：在路加福音(五1～11)和約翰福音(二十一2～11)記載的一段有關奇妙漁穫的事蹟，旨在說明耶穌稱門徒為得人漁夫的意義：

> 有西門．彼得和稱為低土馬的多馬，並加利利的迦拿人拿但業，還有西庇太的兩個兒子，又有兩個門徒，都在一處。西門．彼得對他們說：「我打魚去。」他們說：「我們也和你同去。」他們就出去，上了船；那一夜並沒有打

> 著甚麼。天將亮的時候，耶穌站在岸上，門徒卻不知道是耶穌。耶穌就對他們說：「小子！你們有吃的沒有？」他們回答說：「沒有。」耶穌說：「你們把網撒在船的右邊，就必得著。」他們便撒下網去，竟拉不上來了，因為魚甚多。耶穌所愛的那門徒對彼得說：「是主！」那時西門．彼得赤著身子，一聽見是主，就束上一件外衣，跳在海裏。其餘的門徒離岸不遠，約有二百肘……耶穌對他們說：「把剛才打的魚拿幾條來。」西門．彼得就去，把網拉到岸上。那網滿了大魚，共一百五十三條；魚雖這樣多，網卻沒有破。(約二十一2～8、10～11)

這個打魚的故事在約翰福音的後記所發揮的作用，就如馬太和路加福音書末的大使命一樣。它預示出福音書故事之後的教會使命。並且，約翰福音的重點在於整個宏大敘事進程裏的社會或數目層面：打魚的門徒有七個(完整的數目)，因此代表全體門徒，而收穫的魚，總數是一百五十三條。假如這個數目等於所有魚的種類這理解是正確的話，[5]那麼，它就代表著教會的成員包括了萬國萬民——無論如何，它的確代表了一個龐大的數字。這個例子不像前兩個比喻，它把教會活動的進程，描繪成從特殊進到普遍。它以門徒的捕魚行動為象徵，在耶穌介入之前，這行動一直是徒勞無功的。差傳的結果，永遠是神的恩賜。

從以上三個例子可見教會的差傳是如何在獲神任命與神國來臨之間進行。它從這位賜予並差派的神獲得生命，又朝向這位賜予並來臨的神。我們可以看見，聖經故事如何為讀者創造了一個充滿可能的世界——那不純粹是一種不同的世界觀，雖然它的確也是，而各種可能諸如教會的差傳本身所能達致的結果，也不純是一種世界觀而已。差傳的教會「對可能性的熱衷」(套用哲學家布洛賀〔Ernst Bloch〕一語），是熱衷於那在神是可能的事，即是當教會在充滿期待，敬虔度日，等候著神國來臨之時，所領受的神的恩賜。

我們又指出了重要的一點：不應該把教會差傳這個從特殊到普遍的進程，與今日世界的進步觀 (progressivism) 混淆。這曾是西方新一代的典型錯誤，而現代教會也太多將其使命跟那講論進步的現代神話混為一談。不過，到了二十世紀下半葉，這種俗世的進步論——一種代替聖經終末論的世俗學説——已在我們眼前逐漸消解；斯坦納 (George Steiner) 把二十世紀形容為有歷史記載以來最野蠻的一個世紀。[6]實在明顯不過，我們現在已經看到，有關差傳的進步觀學説，要不是附從於現代論人類進步的啟蒙哲學，就是對這種哲學的宗教反思。其他不提，這等學説排除了現實歷史的模糊與不明朗之處，野心太大，企圖要從人人可見的歷史循環中辨識神的旨意；它們又傾向以勝利的姿態出現，易於遮蓋一個事實：基督教的差傳其實是為被釘十字架的基督作見證。

故此，教會的差傳，並非一個穩定發展的累積過程，愈是往前走，離聖經故事愈遠，相反，我們永遠都重新從聖經故事開始，在耶穌基督未來再臨的盼望下，它們不斷為我們的未來開創新的可能。我們總是象徵性地從耶路撒冷重新進發；我們總是重新以耶穌這個人作為起點，祂是所有人的希望；我們總是從五旬節事件重新開始，它產生了一個新的團體，迎向新的未來。

大局已定（anticipated closure）與永遠開放的敍事（permanent narrative openness）

就著神的普世目標與教會的差傳而論，新約聖經的講述方式有進一步頗令人驚訝的一面。它運用的語言，有時候強烈意味著，這個普世目標在經文寫成之時，已差不多達到，甚至乎已經達到了。再說到先前我們所提及，從特殊到普遍的進程的三個向度，無論是就時間性方面、地理性方面或數目性方面說，新約聖經都充滿著誇張的修辭。首先，從**時間性向度**說，眾所周知，新約作者們期待耶穌會在不久的未來帶著榮耀來臨。保羅習慣性地假設了自己和讀者都會活到主再來的時候（帖前四15、17；林前十五51；提前六13～14），即使他也能夠估計，到那時自己可能已經死去（林後五1～5；腓一20～26）。其次，從**地理性向度**說，保羅可以對羅馬基督徒說，他們的「信德傳遍了天下」（羅一8），即使他自己特別意識到，當他執筆之時，就連羅馬帝國本土，也都還有部分地區未有教會。他在別處也說過同類的誇張話，可見他在地理性方面慣用誇張法；要解釋它，不及解釋時間上的誇張法容易（帖前一8；西一6；林後二14；參彼前五9）。進一步說，從**社會性向度**或**數目性方面**說，在歌羅西書一章23節，保羅可以說，福音「已傳給普天下的每一個人了」（譯自原書引用的NRSV版英文聖經）[7]。保羅用的這等誇張法，不但只是「修辭」手段，更表達了福音邁向其普世目標的動力是何等澎湃，以及保羅在這充滿動感的過程中，對自己的呼召又是何等投入！

採用誇張法的，也不止保羅一人。在啟示錄，如果我們從首批受眾的角度，從他們身處的時空看，我們會覺得這三類誇張法——時間性的、空間性的、數目性方面的——尤其突出。啟示錄的誇張法，在某些方面可媲美羅馬帝國公開揚言要統治天下的誇張之辭；後者之所以誇張，非因古人不曉得我們所知的七大洲，而是因為，當時已為人共知的世界，有大部分是在羅馬帝國的版圖以外。正如羅馬帝國異教的政治神話，促使他們聲稱要統治天下，而初期教會這樣渴望神國來臨，於是也以誇張法作為表達方式。那獸制伏了「各族、各民、各方、各國」(啟十三7)，教會也同樣來自「各族、各方、各民、各國」(五9)，她的信息傳到「各國、各族、各方、各民」(十四6)。儘管獸的國度宣稱永遠不死、天下無敵、屹立不倒(十三3～4，十八7)，啟示錄本身不過容讓那獸暫時存留(十七10)，其中從頭到尾多次重複這個期望：日期近了(一3，二十二10)，主耶穌快來了(三11，二十二7、12、20)。這種對歷史終局的盼望，是不是對於仍然開放的歷史，宣告了一個**過早**(premature)的結局？這個誇張的描述，是不是已經決定了未來的一切可能？

我們可以給這個問題一個否定的答案，因為，如果留心一下新約聖經如何敘述新約時期的教會差傳，我們可以看見，即使到了新約聖經的結尾，教會的普世目標仍未達成。以敘事文學的措詞來說，我們可以說，它突然完結在我們插入的那一點。與舊約聖經作個比較，我們就會更明白。五經

(Pentateuch) 或妥拉 (Torah，或律法書)——就是以色列成立的故事——有一個頗令人意外的結束，在快要說到以色列人進入並取得迦南地就完結了。有些解經家為解釋這一點，就假設：五經是在被擄巴比倫時期最後定稿的，因此，對古代以色列人的歷史也就敘述至此，因為這個完結點的處境，跟當時客居巴比倫的以色列人堪可比較；他們其時正準備再次進入並重得應許地。[8] 如果這樣的說法成立的話，我們也可以說，整本新約聖經容讓差傳使命留在一個未完成的狀態——在每一個時代的讀者看來，差傳使命總是如此。保羅有意從羅馬繼續他的行程，到西班牙去，這並沒有實現過，至少從聖經內文看就是如此。叫人深感奇怪的是，使徒行傳的結束方式不尋常地開放，並無結論，不過記述說保羅沒停止傳福音而已。此刻，福音是不是已經像使徒行傳的開頭 (一8) 那樣，照著耶穌的吩咐傳到了地極？當然不是。以色列人對福音，是不是已經有確定不移的反應了，就像許多使徒行傳的解經家所期望的那樣？(他們都希望路加解決一個他在該書中經常提到的問題。)[9] 不。在使徒行傳的結束，一切都還沒有定案，就連保羅的事奉，也還沒有一個結論。一切都無定論：這就是說，故事的完結，正是每一個時代的讀者，包括了我們這一代的插入點。

尤有進者，論及普遍性的句子往往頗明顯地，遠遠超出了新約聖經的敘事範圍之外。保羅說：在基督裏「並不分希臘人、猶太人⋯⋯化外人、西古提人」(西三11)，這不同凡響的宣告，為遠至黑海以外、鮮為人知的北方世界中那些未被福音化的蠻荒人開創了一個遠景 (因人們習慣把西古提人視為蠻荒人，比化外人還不如）。啟示錄七章所描繪的「有許多的人，沒有人能數過來，是從各國、各族、各民、各方來的」，跟一世紀末教會的實況相去甚遠；假如要數算當時的基督徒數目，其準確程度大概不會下於猶太史家約瑟夫(Josephus)之列出愛色尼人和法利賽人的數目。再者，新約聖經並沒有預先把歷史的迂迴曲折全盤鋪陳出來；在敍事的那一刻，與以象徵和隱喻所表達的普世目標之間，會有哪些特殊的敍述性故事，新約聖經也沒有預先鋪陳出來。誠然，新約聖經的確以種種方式寫出各種反復出現、千古不變的教會處境，而教會可在此等處境中找著自己的身分，並實現其使命，但這些都不過是大體事件而非細節。正正是對普世目標的那種迫切期待，使得新約聖經留下大片空間，沒把歷史終局來臨之前所發生的一切都設下定案；它沒有照歷代以來的許多基督徒所期望的，為任何時代的教會設定了她在邁向主再來的連串事件中所佔的時序角色，相反，它把所有讀者和它的首批讀者都放在同一個位置上，即位於耶穌以大使命委託教會，與耶穌再來之間。新約聖經讓每個時代的教會都找著她的差傳角色；它把各個時代的教會都插入聖經故事內的同一個位置，在這個位置上，大使命的吩咐言猶在耳，永遠新鮮。

來到這個題目的結論，我們可以說，新約聖經把教會的差傳處境安置在一個大局已定(anticipated closure)與永遠開放的狀態(permanent openness)的對立中。這意味著，神對世界的普世目標對我們造成一種迫切性，並因此影響著教會生活和教會差傳。這使我們時常意識到：正在進行的，是神對整個世界和祂對全部歷史的旨意；我們參與其中的，是神的這個旨意。與此同時，普遍性並不淩駕於特殊性之上，似乎教會必須藉著推行一些龐大的普世策略之類，把它在各個處境的特殊性抹殺掉。當教會在其所屬的特殊裏，她在任何時空之下，從其中發現自己的特殊裏，努力忠心地活出她的使命的時候，由整個聖經故事衍生的地方故事，就發生在此處或彼處，在這個或那個特殊的處境下變得特殊了。新約聖經早已不厭其煩地用具體例子說明，邁向普遍的進程總是從一個特殊到另一個特殊，就連聖經最後一卷書的一幕全球戲劇，也只可通過亞細亞七個教會的特殊，各自的處境與習慣來解讀，對此，在該書的開頭已有具體說明，尤其著重各自的獨特性（啟一～三章）。

註釋：

1 N. Smart, *The Phenomenon of Christianity* (London: Collins, 1979), 7.

2 Smart, *The Phenomenon*, 11.

3 新近提出一套差傳詮釋論的，還有H. D. Beeby, "A Missional Approach to Renewed Interpretation", in C. Bartholomew, C. Greene and K. Möller eds., *Renewing Biblical Interpretation* (Carlisle/Grand Rapids, Michigan: Paternoster/Zondervan, 2000), 268～283。他的著重點和我不同，但可作補充。

4 B. Wicker, *The Story-Shaped World* (London: Athlone Press, 1975).

5 這是耶柔米（Jerome）的解釋，他聲稱希臘的生物學家計算出魚的種類有一百五十三種，這番話還有待考究。有關他的解釋和別的解釋，參R. E. Brown, *The Gospel According to John* (AB; London: Chapman, 1971), 1074～1076。

6 G. Steiner, *Errata: An Examined Life* (London: Weidenfeld & Nicolson, 1997), 103.

7 不管人怎樣詳細解釋此語，如何使之合理化，説保羅運用的策略，把福音栽植在容易傳開的地方，並他如何實際地希望，在有生之年完成傳福音給外邦人的使命。(參 H. Stettler, "An Interpretation of Colossians 1:24 in the Framework of Paul's Mission Theology", in J. Ådna and H. Kvalbein eds., *The Mission of the Early Church to Jews and Gentiles* [Tübingen: Mohr Siebeck, 2000], 207～208)：「無可否認，這還是有某程度的誇張的」(J. D. G. Dunn, *The Epistles to the Colossians and to Philemon*〔NIGTC; Grand Rapids, Michigan/Carlisle: Eerdmans/Paternoster, 1996〕, 112)。有一個缺乏證據支持的異文，在此語加插了τῇ(使此語的意思變成「在整個受造世界」)，可想而知，其用意大概是要減低其誇張程度。若我們將此語跟保羅書信同類的誇張語作個比照，正如我們在正文中指出的，它就沒有那麼費解了。

8 J. A. Sanders, *Torah and Canon* (Philadelphia: Fortress, 1972).

9 關於這點，參R. Bauckham, "The Restoration of Israel in Luke-Acts", in J. M. Scott ed., *Restoration: Old Testament, Jewish and Christian Perspectives* (JSJSS 72; Leiden: Brill, 2001), 435～487。

第二章

從一到多

本章旨在說明，當我們把聖經的整體敘事視為從特殊到普遍的進程，就會更容易發現——當我們嘗試從整全角度閱讀的時候——這個故事在講些甚麼。我們將集中於這個進程最重要的幾個形式：聖經宏大敘事的四條主線；頭三條主線有一個相同的模式，第四條則與別不同。

在頭三個形式裏，神的計劃以揀選一個對象開始：神先揀選亞伯拉罕，把他分別出來，然後揀選以色列，接下去是大衛。由這三次揀選行動引進的三個進程，每一個都有它的獨特主題，即神對世界的計劃的一面，我們會將之稱為聖經故事的主題軌迹（thematic trajectories）。從亞伯拉罕到地上萬族的軌迹，是祝福的軌迹；從以色列到萬國的軌迹，是神向世界啟示自己的軌迹；神使大衛在錫安作王及至地極的軌迹，是神國臨及所有受造物，管治萬有的軌迹。當然，三個進程與其主題是密切相關的。

從亞伯拉罕到地上的萬族

在創世記十二章，神把亞伯拉罕**單獨分別出來**。聖經裏神揀選個人的眾多例子中，這要算是最不尋常的了。因為上文所記的是創世記頭十一章一個徹頭徹尾的普世故事，在十章結束，開列出一張所有國家的清單，總共七十個，全部出自挪亞的三個兒子。然後，在十一章所記的巴別故事裏，人類分散到大地各處，形成了眾多國家，以不同的語言地理分隔。創世記十和十一章，如上所說，擺設了一個跨國場景，好引出下文所說的整個聖經故事的其餘部分。可是，故事突然從這個帶有強烈普世意味的敘述範圍，收窄至亞伯拉罕一人和他的近親，說他被神呼召，要按著一個跨國的吩咐，離開他的地方，移居到一個新的國家，迎向一個只有神才知道的新的未來。

然而，我們馬上會曉得，神把亞伯拉罕從萬國中分別出來，意思絕不是說，神放棄了萬國。這跟揀選挪亞和他的家人不同，那時其餘的人都在洪水中死了，只有挪亞的後裔生存下去。但說到亞伯拉罕的例子，他之所以被分別出來，正正就是為了讓祝福臨到萬國，[1]臨到那被神分散在世界各地的七十個國家。在神給亞伯拉罕的應許中，那關鍵字眼是祝福：亞伯拉罕自己要得祝福——他的後裔要成為大國，而亞伯拉罕自己也要成為別人的祝福，這就是說，地上的萬族[2]要因他得福(創十二2～3)。[3]神的祝福要從亞伯拉罕一人，和從他而出的新國家，臨到其餘所有國家。

萬國要得福這個應許，接著在創世記重複了四次(十八18，二十二18，二十六4，二十八14)。在最後兩處經文，這應許分別給了亞伯拉罕的兒子以撒，和亞伯拉罕的孫兒雅各。而且，早在雅各和他兒子的故事裏，已看見萬國得福的應許開始實現——或者說，已看見實現的先兆：拉班因雅各得福(三十27)，波提乏因約瑟得福(三十九5)。之後，又有特殊兼意味深長的一幕：老雅各抵達埃及之後，至少為埃及法老帶來了祝福(四十七7)。在從正典進路入手的讀者看來，創世記使他們有一種強烈的期望：萬國藉亞伯拉罕的後裔得福一事，必要成為聖經故事餘下的篇幅所指向的目標；但事實上，它在舊約故事的其餘部分，始終還不過是一個應許，而且更常常是一個遙遙無期的應許。希伯來聖經只有三四處重複這個使萬國得福的應許（詩七十二17；[4]賽十九24～25；耶四2；亞八13）。[5]這是一個實例，說明全本聖經就是以這種沒有系統甚而是脆弱的方式，從聖經多采多姿的內容，構成一個宏大敘事（我們會在最後一章回到這一點上）。但這四處經文值得我們注意，我們看看其中的兩段。

第一段是耶利米書四章1至2節，先知懇求以色列要為其不忠懊悔，回到與耶和華所立之約上：

> 要是你回來，以色列——主說，
> 你回到我這裏來；
> 要是你從我眼前除掉你的可憎之物，
> 不三心兩意；
> 要是你憑著誠實公平正義，
> 起誓說「永生的主」，
> 那麼，萬國就要從他得福〔或：藉他祝福自己[6]〕，
> 又要以他為誇口。
> （譯按：譯自原書引用的NRSV版英文聖經）

這裏值得注意的是：使萬國得福，是以色列履行她約上的義務，持守了真理、公平、正義（參創十八18～19）。要使萬國得福，以色列所要做的僅僅是效忠於耶和華，如此做的話，萬國就可體驗耶和華的祝福。由於這卷書是「作列國的先知」（耶一5；參十章）傳話的信息，其預言很多是和列國有關的（耶四十六～五十一），這裏提到萬國得福的應許，就肯定相當引人注目了。它暗示以色列的未來並萬國的未來，本來可

以有另一番光景，跟耶利米以悲憤之情所宣告的審判大不相同；本來，祝福是可以從忠信的以色列湧出來，惠及鄰國的。

與創世記十二章3節遙相呼應，而又在創世記以外的經文，最突出的是以賽亞書十九章24至25節。先知在此期盼未來有一種國際間的友好聯盟，由以色列、亞述和埃及組成。亞述和埃及是以色列南北兩面的強國，其時仍是水火不容的對頭，但此刻先知所見的，卻是三者一同敬奉耶和華以色列的神，和平共處：

> 那一天，以色列要與埃及、亞述三國一起，在大地中間成為祝福。萬軍之主已賜福他們，說：「埃及我的百姓，亞述我手的工作，以色列我的產業，都得福了！」(賽十九24～25；譯按：譯自原書引用的NRSV版英文聖經)

在此，以色列是「在大地中間」的，這個中心位置(下一章將詳述這個課題)顯明，她已成為之前壓制她的敵人——鄰國——的祝福，並且，我們甚或可以推定，這祝福也擴大至萬國，因為可以設想，所有國家都從屬於這三個大國。這就是，神對亞伯拉罕的應許以人萬萬料想不到的方式實現了；而更料想不到的是，埃及和亞述的地位在此竟與以色列作為耶和華立約之民的特殊地位看齊！神在此稱埃及為「我的百姓」，稱亞述為「我手的工作」！[7]就這方面看，這是一個異象，與全本聖經的倒數第二章(即啟示錄二十一章)互相呼應。在那一章，先知約翰看見一個新天新地的景象，新耶路撒冷從天而降，他並聽見有聲音說：

看哪！神的住處在人間。
他要與人同住，作他們的神，
他們要作他的子民，神要親自與他們同在。
(啟二十一3；譯按：譯自原書引用並經修改的NRSV版英文聖經)

舊約聖經裏除創世記以外，就少有經文複述神對亞伯拉罕的應許，在新約聖經卻可發現一些重要的複述。在以下一段經文，保羅把應許解釋為：出自亞伯拉罕一個特定的後裔——耶穌基督，要為以色列和萬國帶來祝福(加三6～9、16)。[8]事實上，保羅把這個應許等同福音：

聖經既然預見，神要叫外邦人憑信稱義，就預先傳福音給亞伯拉罕，說：「所有外邦人都要因你得福。」〔創十二3，十八18〕因此，相信的人與相信的亞伯拉罕一同得福。(加三8～9；譯按：譯自原書引用的NRSV版英文聖經)

較不常為人注意的是，馬太福音對這個應許的解釋，和保羅的如出一轍。馬太把整個耶穌故事安置在一個框架內，即在福音書的開頭和結尾，界定耶穌的身分是亞伯拉罕的後裔。在該書的開頭，經文已作出如此界定，而在書的結尾耶穌的話語中，就吩咐祂的門徒使萬民作門徒。馬太福音的耶穌家譜，是以亞伯拉罕開始(一1～2)，不像路加福音以亞當開始(三38)。馬太也不是以大衛開始；如果真要描繪耶穌為大衛之子彌賽亞(這肯定是馬太福音的一個重要主題)，把家譜追溯至大衛就夠了。可是，在馬太眼中，耶穌不單是猶太人的彌賽亞，也是外邦人的彌賽亞，祂是亞伯拉罕的那個後裔，藉著祂，神的祝福最終要臨到萬國。馬太的家譜，重新掀起了從亞伯拉罕開始的舊約故事，並以父子承傳為脈絡，繼續這個故事，直到來到亞伯拉罕的一個後裔，至此，再有一個人被**單獨分別出來**，神祝福人的計劃要從這人臨到以色列和萬國。

照聖經的觀點看，祝福含有豐富意義，但基督教神學卻頗常忽略它。聖經的祝福是指神特有的慷慨施予，祂豐豐富富地把一切美好的東西賞給祂創造之物，又不斷更新所造之物的豐富生命。祝福是神為使人類得繁盛而作的供養，而它也是關係性的：[9]得到神的祝福，不但是認識神的美好恩賜，更是認識神慷慨施予的本性。因其為關係性的緣故，祝福的進程是一個由神而出，又回到神那裏的進程。神給人的祝福豐富滿溢，他們再使別人得福，而這些嘗過神祝福的人，又回來稱頌神(譯按：「稱頌」與「祝福」在英語都是bless)，就是說，他們把受造物所能真正給予的一切——感恩和讚美——給予神。

祝福顯出了受造世界與救恩之間的關係，它以一種與別不同的方式刻劃神在受造世界的活動。早在創世的第五日，神就給予祝福(創一22)；祝福是神使用的途徑，叫祂創造的世界多多生產，多多結果，生長起來，並且繁盛。從最宏觀的角度看，這是神對受造世界的旨意，哪裏有人享受神所造的世界的美好，有人類的活動產生美好的結果，哪裏就有神的祝福傾倒其中；哪裏有人為神的祝福稱頌祂，人就認識到，神是那位供養人類、使人類繁盛的美善創造主。神的祝福是普世性的。這情況並非如某些人說的，祝福是神在創造方面的美善，跟祂在救恩方面的美善不同[10]——假如他們的說法正確的話，那麼我們就無法明白上文所說，祝福如何從亞伯拉罕臨到萬國的進程了。救恩也是神的祝福，因為救恩是神對受造世界美好旨意的實現；這些旨意在創世之時已陳明了。救恩是在受造世界遭受破壞的光景下，實現神的旨意。亞伯拉罕的祝福超過了創世的祝福，因它的目的是為了對付並克勝其對立面——神的咒詛。

隨著罪進入世界，神的咒詛也進入了世界，與祝福並存。我們在創世記十至十一章有關萬國的記載中，看見神給亞伯拉罕的應許背後的普世場景。但早在創世記三及四章，就有一個更遙遠的背景，該處記著，神給世界的祝福變成了咒詛（三17，四11），這咒詛甚至成為神對亞伯拉罕的應許的一部分，與祝福看來平行。在創世記十二章，神對亞伯拉罕說：「那些為你祝福的，我必賜福與他們；那個咒詛你的，我必咒詛他。」（創十二3〔譯按：經文譯自原書所引經文〕；另參二十七29；民二十四9）。不過祝福仍在應許中佔優（「那些為你祝福的」和「那個咒詛你的」，分別以複數和單數出現，這個差別也給我們一點提示）。而神呼召亞伯拉罕的目的，當然是祝福而非咒詛，因此，應許的最後一個字仍是祝福：「地上的萬族都要因你得福」。

以色列的歷史，由始至終都是咒詛與祝福並隨（例如申七12～16、27～28），儘管如此，神對亞伯拉罕的應許，其最終目的仍是祝福，這祝福勢必壓倒咒詛。的確，當亞伯拉罕的那個苗裔，那個被分別出來的後裔(彌賽亞)「為我們受〔原文是成〕了咒詛……叫亞伯拉罕的福，因基督耶穌可以臨到外邦人」(加三13～14)的時候，祝福就壓倒了咒詛。這應許的竅妙是，承擔咒詛，好發揮祝福的壓倒性力量。福音就是：在耶穌基督裏咒詛已被挪開，神對受造世界的創世旨意確立起來，再無變逆的可能。神最後一個字是祂的「祝福」。這也是造成影響的一個字，它有特殊意義，指的是耶穌的一生、死亡和復活，是保羅等人極其樂意傳佈並發揚光大的；它的影響巨大，從那些蒙受祝福的人，有祝福湧溢出來，他們輾轉又成為別人的祝福。

從以色列到萬國

如果說創世記把亞伯拉罕單獨分別出來，那麼，出埃及記就把以色列這個神向亞伯拉罕所應許的大國——由神創立，作為祂自己獨特之民的國家——分別出來。在西乃山上，神對百姓說的話是這樣開始的：

> 你們看見了我向埃及人所行的事，並我如何用母鷹的翅膀把你們背起來，把你們帶來歸我自己。如今你們若聽從我的話，遵守我的約，就要在萬民中作我珍愛的財產。不錯，全地都是我的，但你們要歸我作祭司的國度，為神聖的國民。(出十九4～6上；譯按：譯自原書引用的NRSV版英文聖經)

萬國——全地——都屬於耶和華，但祂把以色列單獨分別出來，作為他**特別的**財產(「珍愛的財產」סגלה一語，表示國王的私人財產〔參代上二十九3〕，有別於他對全國的擁有權)。而以色列的這個獨特身分，本身就是對萬國的見證；神為自己的百姓施行拯救，從中使萬國認識祂。神讓人認識祂**是**以色列之神——這就是當祂揀選這個民族作為自己的民族之時，賦予了自己的一個身分；而祂為自己的百姓所行的事，同時也讓人認識到，祂是全地上獨一無二的真神，萬國都必須承認祂。**這條**從一到多，從特殊到普遍的敘事脈絡，與祝福並無必然關係，萬國並不是必然要得到祝福的，這條軌迹主要是關乎對神身分的認識，即論及神如何向萬國展示祂的神性。

具體地說就是：耶和華以大而可畏的能力，在出埃及的事件上救以色列人離開那地，使自己的名傳遍天下，叫自己的名字在萬民中永垂不朽(出九16；撒下七23；尼九10；詩一〇六8；賽六十三10、12；耶三十二20；但九15)。或許我們不容易接受這個概念：神渴望為自己爭取名聲，也真這樣做。我們會以為，這在人類社會裏是只求利己的虛榮和野心，但毫無疑問，這其實是把實際上單單適用於神的概念套用到人類身上；以人的身分尋求這種普世長存的美名，的確是貪圖神性，但在神來說，祂必定渴望人認識到：祂是神。而按著神造的人類的美善標準而言，他們必要認識神是神，才能滿足美善的要求。神向萬國展示祂的神性，這其中沒有半點虛浮的成分，而是啟示真理。

由是，出埃及記把神的特殊身分(祂是以色列之神)和祂的旨意(向萬國啟示祂自己)緊扣起來，從此定下一個範型：[11]

為以色列的拯救行動，使神在**萬國中**被人認識。這個模式在以後多次重複：耶和華為以色列使約旦河水乾了，讓他們走過乾地，「要使地上萬民都知道，耶和華的手大有能力」(書四24)；希西家祈求神救本國脱離亞述大軍，「使天下萬國都知道惟獨你——耶和華是神」(王下十九19；賽三十七20)；以西結預言神要使被擄的以色列重建家園，其出發點不是為他們，而是為神的名字，好叫「〔列國〕知道我是耶和華」(結三十六22～23；參三十六38，三十八23，三十九7)。[12]這樣的認識未必對萬國有利。以西結常用的公式——「他們就知道我是耶和華」，[13]既表達了神為以色列所施行的拯救所帶來的結果，也表達了祂向萬國所施行的毀滅性審判的後果(例如結二十五7、11、17，二十六6，三十19、25～26)，雖然萬國明白到，以色列之神是那位管治萬國的神，但這種認識是否對他們有利，就不完全清楚了。

而有些例子則讓我們看見比較正面的一面。在所羅門奉獻聖殿所作的偉大禱告中，他想像有一個非以色列人，因聽見耶和華的大名和祂大能的作為，從遠方來到耶路撒冷，所羅門祈求神應允這人的禱告：「使天下萬民都認識你的名，敬畏你，像你的民以色列一樣」(王上八41～43；代下六32～33)。這是先由認識耶和華為祂百姓所行的事開始，直接產生了在萬國中對耶和華的崇拜敬畏、以至樂於承認祂。好些講及萬國崇拜神的詩篇都充滿類似的一個程序：

願神憐憫我們，賜福與我們，
用臉光照我們，

好叫世界得知你的道路，
萬國得知你的救恩。
神啊，願列邦稱讚你！
願萬民都稱讚你！
(詩六十七1～3；參二十二21～27)

以賽亞書下半部分的篇章正好與這個傳統相合，經文把新的一次出埃及——耶和華重臨錫安——視為祂向全世界展示其神性的拯救行動：

耶和華在萬國眼前露出聖臂；
地極的人都看見我們神的救恩了。
(賽五十二10)

第二以賽亞論真理大審判的預言，在最後部分進入決定性的一幕：耶和華要讓萬國得知祂是惟一的真神——獨一無二而永恆的神、萬物的創造主、歷史的主宰、以色列的救主。這預言是那麼的以神為中心；我們或會以為，它要表達的，不外乎是萬國都戰戰兢兢地敬服承認神，像頭一次出埃及那樣，可是它要說的肯定比這更多。耶和華讓人認識祂是以色列的救主，並且，祂能夠拯救凡轉向祂的。以色列是祂向萬國的見證，見證祂是惟一的救主（四十三10～12）。以色列的神向領受這見證的外邦人（「從列國逃脫的人」）——他們從以色列得救的事上領會到，惟有以色列的神才能救人，他們的偶像不能——發出這個邀請：

轉向我，就必得救，

各個地極的人啊！

因為我是神，再沒有別神。

我指著自己起誓，

我已經憑著公義開口說話，這話必不反回：

「萬膝必向我跪拜，萬口必憑我起誓。」

(賽四十五22～23；譯按：譯自原書引用的NRSV版英文聖經)

如此，神對祂獨特之民的新拯救行動，原來也是對萬民的拯救。

要誇大以賽亞書下半部分的篇章(四十至六十六章)對早期基督徒和新約聖經的重要性，未免有點困難，但畢竟是這些預言，為早期基督徒提供了一個參考體系，讓他們能夠解釋耶穌生平，以及它對目前和未來的影響。使徒們要作見證直到地極的這個吩咐(徒一8，十三47)，複述了以賽亞書四十九章6節(在徒十三47引述)。按早期基督徒的認知，以賽亞書預言的新出埃及——耶和華要向萬國展示其神性的一次決定性的拯救行動——已因耶穌的一生、祂的死亡和復活實現了；藉著被釘的、復活的耶穌，神讓人認識到祂是以色列的救主，又是萬國的救主。這個主題軌蹟在舊約聖經裏，特別在以賽亞書裏的著重點，是以神為中心的：[14]這是耶和華叫世界認識祂的方法。這足以提醒我們，新約聖經的差傳使命所指向的，也是要叫萬國承認真神並崇拜祂(帖前一9；徒十七23～29；啟十四7，十五4)，然後才是隨之而來的救恩。

它的目標是，有一天(保羅把剛才引用的以賽亞書四十五章的經文加以擴充)：

一切在天上的、地上的，和地底下的，
因耶穌的名無不屈膝，
無不口稱「耶穌基督為主」，
使榮耀歸與父神。
(腓二10)

從錫安山到地極施行管治的王

耶和華把一個人(亞伯拉罕)分別出來，把一個民族(以色列)分別出來，祂也把一個地方分別出來。神從世界全地、從以色列全地之中，揀選一個地方作為祂自己的住處，如申命記所記：「為立他名的居所」(申十二5；參王上八16、29)。這就是錫安山。這裏涉及的地理詳情——不只神百姓居住的以色列地，也包括神在祂百姓中間的居所錫安山——在舊約聖經中的意義不容忽視；錫安山不但是神與祂的百姓同在之處，更是神的座位，祂在其上施行普世管治。在所羅門聖殿的至聖所，有基路伯作為神的寶座，這是地上的寶座，與天上的寶座相配。詩篇有很多歌頌這個主題的，例如：

耶和華作王；萬民當戰抖！
他坐在二基路伯上，地當動搖。
耶和華在錫安為大；

他超乎萬民之上。

他們當稱讚他大而可畏的名；

他本為聖！

（詩九十九1～3）

在這裏，神的普世國度以具特殊性的錫安山**作為中心**。（在下一章，我們將回到地理上的中心點這個概念上。）

而除了錫安以外，耶和華也把大衛**單獨分別出來**，把他和他的後裔立作耶路撒冷的王（參詩七十八67～71；王上八16）。讀者特別需要留意一點：說到地上諸王，舊約聖經的立場是極其模棱兩可的。一方面，惟有耶和華才是以色列的王，以色列君主制的建立，不外乎是因為神對以色列的愚蠢期望採取讓步的做法；他們期望要跟別國一樣，這是個愚蠢的想法，因為政權是腐敗的，王權必傾向專橫與壓制。按舊約聖經的描述，君主制肯定並非一種理想的政治運作模式。但另一方面，大衛家的君王（Davidic king）是神收納的兒子，他代表神施行管治，是神在地上的副手或代理人，作為神管治的完美代表，這個人間的王彰顯了神的公義，讓受壓制的享有他們的權利。這樣以神的王權為地上王權的原型造成一股張力，正是理想（the ideal）和實際（the actual）之間的矛盾。我們可以從舊約先知們對以色列和猶大諸王的嚴厲批評，看出這一點。對那些實際管治神百姓的諸王，先知並無虛飾他們實際的過犯與不足。但我們也可以從先知們的盼望，其實是彌賽亞的盼望中，看出君主制中實際和理想之間的張力：他們盼望的，是未來會有一位真正完美的統治者——一個合神心意的王，一個真正體現神自己管治的新大衛。當人民經驗到現實君主制的不足，其弊端被先知揭露時，他們就更迫切盼望一位與神的管治相配的人間代表。

把王理解為代表神在地上施行管治的看法，也產生另一種張力——一種地理上的張力。耶和華的管治是普世的，但就事實來說，大衛家的君王的管治卻不是如此。雖然大衛與所羅門所統治的疆土幅員廣大，在以色列史上至今無出其右，但是，就連大衛也沒有管治過萬國，這是當然的。也許是由這個原因，論及未來之王——理想中的大衛——的預言之中，看來也幾乎沒有一些是毫不含糊地指向一個比大衛和所羅門更廣闊的國度的。彌賽亞固然是在國際舞臺上為人公認的政權，就如大衛和所羅門那樣，但他的國度會是普世的嗎？有四段密切相關的經文值得我們注意。

第一段是詩篇七十二篇，詩題提到所羅門。它顯然是一幅徹頭徹尾講及大衛之王的理想圖畫。如果以全本聖經作為背景去讀這首詩，當讀到其中論王的誇張之辭，彌賽亞的解釋就呼之欲出。[15]關於他國度的範圍，是這樣說的：

他要執掌權柄，從這海直到那海，
從大河直到地極。
住在曠野的，必在他面前下拜；
他的仇敵必要舔土。
他施和海島的王要進貢；
示巴和西巴的王要獻禮物。
諸王都要叩拜他；

萬國都要事奉他。

(七十二8～11)

以上經文以及整篇詩是一個禱告，不是陳述事實，是一個期望實現在彌賽亞君王身上的禱告。頭一節酷似對應許之地的傳統描述：這片土地從紅海伸展到地中海，從幼發拉底河延伸至南地沙漠(出二十三31)；我們可以根據同樣方式理解詩篇七十二篇8節——除了以「地極」一詞代替南地之外。看看接下去的10節，就似乎更應嚴肅看待這一點，因為10節提及來自西方和南方地極的附庸諸王(位於西方的他施和海島，位於南方的示巴和西巴)。以色列地的傳統疆界，好像已擴大到普世的範圍；這幅圖畫裏的以色列王不會取代萬國諸王，但後者會臣服於他，就像古代所有的大國那樣，擁有眾多的諸侯附庸。

我們可以把這段經文跟撒迦利亞書九章10節作個比較，該處對那「必向列國講和平」的彌賽亞君王的國度，是如此限定的：

他的權柄必從這海管到那海，

從大河管到地極。

(九10下)

彌迦書五章4節也和這相似，經文說到以色列那個未來之王要像新的大衞，再一次出自伯利恆；以色列要安然居住，因為「他必日見尊大，直到地極」(彌五4；亦參七12)。幾處經文都有一個重點：強調和平，這是渴望之中那位未來之王的管治特色（亦參賽九6～7）。可見這王是以其覆蓋各國及至地極的管治權，保證和平的實現。

而詩篇二篇的王，其管治就帶著濃厚的戰爭色彩。他必要先把悖逆的國家征服，才能實現神應許他的王權：「我就將列國賜你為基業，將地極賜你為田產。」（詩二8）不過在這裏也都可以明顯看出，這人間的王是在行使神的普世管治權；他在錫安被立為王，神宣佈他是神的兒子（6～7節），是神給他這神聖的資格去管治萬國和以色列。新約聖經經常把這首詩套到耶穌身上，大概部分原因是，它把王的管治幾乎等同神的管治，又因為它有強烈的普世色彩。

我們已指出，關於舊約君主制的兩個概念之間的基本矛盾：一方面，惟有耶和華是王，以色列從來就不需要或缺少一個王，而另一方面，以色列的王在地上是以神兒子的身分施行管治，彰顯神的公正公義。在新約彌賽亞預言應驗的圖畫中，這種張力依然存在：地上的國度再次納入神的國度裏，而與此同時，以色列王之作為人類弟兄的做法（參申十七15、20），也被納入神的普世管治裏。當耶穌被提升，與神同坐在天上的宇宙性寶座之時，大衛家的君王的「神性」——他們以神代理人的身分所行使的類神性（quasi-divinity）——就重歸於神，而這理想的人類之王與其人類弟兄的合一性，也同時在宇宙性的層面建立起來。神的普世國度以這種基督中心的模式實現，這樣把人間的專制統治和神人之間的距離一起消除了。耶穌是那個與神同享王權，完全與神為一的王，又是那個與人間的弟兄姊妹們在人性上完全一致的王。

我們在下一章會看見，錫安山的地理詳情及其中心位置，在新約的救恩歷史裏不再重要。這是說，錫安山的實際地理在舊約聖經本來已有很強的神學意義，在新約聖經，這地理更變成了純然神學上的（來十二22；彼後一18；啟十四1，二十一10；參加四26）。又或，可以這樣說，當先知書說（賽二2；彌四1），末後的日子，耶和華殿的山必高舉過於萬嶺，這山已被收入其屬天的原型——神宇宙性的寶座裏。不過，雖然這山的地理詳情被提升了，其特殊性卻沒有提升，因為那從天上神的寶座施行管治的，正是拿撒勒的耶穌這個人。神的國度在耶穌身上，成了既特殊又普遍的，而差傳就是其中的橋樑。在使徒行傳的結束部分，路加讓保羅留在羅馬，「傳講神國的道，將主耶穌基督的事教導人」（徒二十八31）。

我們已看過，聖經故事從特殊進到普遍的三個主要形式。每次我們都以舊約的一個特殊之處開始。我們指出，神揀選一個單獨的對象，祂把亞伯拉罕這個人、把以色列這個民族、把大衛這個王和錫安山這個地方，單獨分別出來。我們看到，神的計劃如何總是從這樣的揀選開始，但從來不會就此結束。神的用意，決非只為亞伯拉罕本人和他的後裔而祝福他；祂的用意決非只為以色列的緣故而向以色列啟示祂自己；祂的意思決非以錫安作為祂國度的基地，只為統治鄰近地區。在以上每次的揀選中，神的旨意都是普世的：好叫亞伯拉罕的福臨及地上的萬族；好叫神向以色列啟示自己，使萬國都認識祂；好叫神的管治，從錫安擴展到地極。嚴格地說，我們從聖經所見，以上三種從特殊到普遍的進程，都不是差傳。亞伯拉罕、以色列和大衛，都沒有受差遣去使全球福音化。

然而，這三大主線卻叫我們理解到，必須把教會的差傳包括在整個聖經的宏大敍事中，作為不可或缺的一部分。它們確立了一個從特殊到普遍的進程，當教會以某種特殊形式體現其差傳使命之時，他被呼召所朝向的，正是後者；它們確立了神對世界的旨意，這正是當教會向世界實踐其差傳使命之時，所邁向的目標。這就是為甚麼我們可以——即使頗為粗略地——在新約聖經內，找到這每一條舊約軌迹的影子。

所以，說實在的，那些寫差傳的聖經神學的人有時候主張，差傳這個概念本身在舊約裏根本找不到，他們這個說法正確，不過還須補充一點：這並無減損舊約聖經在基督教差傳這個主題上所佔的重要角色。如果沒有以上出自舊約的主題軌迹，我們就無法懂得那在新約各卷隨處可見的普世方向、普世目標了。不少人依然抱有這個想法，以為早期基督徒要使基督教成為一個普遍宗教，必得打破猶太傳統狹隘的特殊神恩觀（particularism），這和事實相去甚遠。因為在舊約神學，特殊與普遍並非互不相容或彼此相衝的。神計劃的進程總是從特殊開始，邁向普遍，神為了全體的緣故，時常把部分分別出來。當神揀選亞伯拉罕、以色列、大衞和錫安之時，祂早已定下一個普世計劃，當早期基督徒向外邦人和猶太人實踐差傳使命時，他們是把計劃往前推進。[16]

說到舊約與新約之間的連續性，還有少不得的一項（我在上文故意略過它），就是耶穌本身的特殊性。神的計劃事實上是不能從舊約時代所分別出來的對象，直接達到祂計劃中的普世目標，神的計劃必要明確聚焦在一次特殊行動上：把一個人單獨分別出來——拿撒勒的猶太人耶穌。在某種意義上，耶穌重複了我們前文討論過的三個被揀選之對象的特殊性：祂是亞伯拉罕的那個後裔，地上的萬族都要因祂得福；祂本國(以色列)的命運，也是祂本人的命運，即要作為萬國之光(路二31～32)；祂是那個新的、理想的大衛，惟一一位真正能以人的身分，體現神超越管治的王。然而，當我們這樣從舊約聖經這些早已確立的模式來看耶穌的特殊性，就會立時也看見祂的普遍性。我們可以看見，新約聖經對這個特殊人物側重得叫人希奇(祂佔著新約的每一頁)，同時又不斷傳出普世的信息，以及它的普遍相關性，它所產生的普遍果效，二者的共存是何等合理；新約聖經的思想全部都匯聚統合在這一點上：耶穌這個特殊人物的普遍相關性。

故此，以往按此觀點去認識耶穌，現在也按此觀點認識祂的教會，是被召去為耶穌作普世的見證的。身為這位特殊人物的追隨者，本身是被神呼召、被揀選為耶穌基督的教會，作為任何一個特定時空下的特殊羣體，教會總少不得要參與在神這個計劃——這個從一到多的進程——之中。神從不會只為部分人的好處把他們分別出來，祂總是為了其他人的緣故。故此，亞伯拉罕之福理應從教會這個羣體溢出(她在耶穌裏體驗過了)，惠及其他。教會這個民族，理應從神在耶穌身上的啟示，按著神真正的所是認識了神，並把這啟示傳給別人。教會是那些至今承認神的管治(一如祂實現在耶穌身上的)，並在期盼祂的國度來臨整個受造世界的同時，為他人而活的一羣。

此刻，我們來到聖經從特殊到普遍的進程的第四種也是最後一種主要形態，它可說是有別於前三種，它不同前三種都屬敍事進程（narrative movement），卻表現了所有前三種的特殊性。這進程就是：從最微小的一個，到全人類。

從最微小的一個，到全人類

這次我們從新約開始。保羅寫信給哥林多的基督徒，他們明顯是非常著重身分的一羣：

> 按人的衡量標準，你們中間有智慧的不多，有權勢的不多，出身名門的也不多。但神揀選了世上愚笨的，叫有智慧的羞愧；神揀選了世上弱小的，叫強大的羞愧；神揀選了世上低下的、被人瞧不起的、一文不值的，叫那自命為有的變得一文不值，以防有人在神面前誇口。（林前一26下～29；譯按：譯自原書引用的NRSV版英文聖經）

新近對哥林多前書的研究[17]清楚顯示，在保羅與哥林多教會主要派的辯論中，有不少是關乎社會地位的問題。保羅說的有智慧者，是那些精於修辭學的，他們善於演說，娓娓動聽，至於愚笨的就是那些沒受教育的。修辭學對提升社會地位甚有幫助，因此有智慧的一羣，也就是社會上有權有勢的精英分子，和那些渴望成為精英的一羣。強大的，是指那些因財富和地位在社會上有權力、有影響力的一羣，而保羅說的弱小者，就是那些在社會上沒有權力，沒有發言權的草民。在哥林多（保羅的意思當然是不只在哥林多），神把貧窮的、沒有權勢的一羣**單獨分別出來**，選擇從他們身上開始祂的工作，這並非因為神的愛沒臨及那羣在文化教育上、在社會上高人一等的人身上，相反，這實際上是為了所有人的好處，包括有財勢的和貧窮卑下的一羣。神的愛必要藉弱小的臨到強大的，因為強大的必須先放下他們地位方面的優越性，才能領受神的愛。只有當他們從這一件事——神揀選那些沒有地位的——看出地位在神眼中其實無關重要，他們才能放棄那妨礙他們與神與人建立正確關係的驕狂和他們既得的利益。保羅說的，神叫有智慧的和那些強大的「羞愧」，正是對他們價值觀的這種反駁，其中帶救贖意義。

在這段經文及其上下文，保羅做了一件值得注意的事。首先，他重複舊約的信息，指出神的一貫策略，祂行事的一個典型方式，也就是哥林多教會之所以產生的方式。那揀選頭一批哥林多信徒的神，是那位在萬民之中揀選了最不起眼的民族（以色列）作為自己子民的（申七7），祂是哈拿的神，抬舉卑微的，把處高位的降卑（撒上二3～8），正如祂也是馬利亞的神，使飢餓的得飽，叫富足的空手而回（路一51～53）。這位神在耶西的眾子之中揀選那最小的大衞，沒有人會想到的那一個（撒上十六6～13）；這位神慣於推翻人間的身分地位，非為使非精英分子成為新的特殊階級，而是為廢除身分地位，建立祂的國度，在這國度裏，無人能聲稱自己比別人優越，所有人都甘心樂意為別人的好處放棄權利。我們也可以從福音書中耶穌的教訓和行動，看出這個主題。現代作者常說耶穌站在邊緣人士的那邊——「邊緣人士」這個用詞比「貧窮的」優勝（不加解釋的），因為這包括了在別的方面處於邊緣而非在物質上窮乏的。「邊緣人士」或「被社會排擠者」都是現代人用的象徵說法，聖經本身則似乎沒有使用這種橫向的隱喻，它通常用的隱喻是縱向的，說及地位的高低：神使低下的高升，把高高在上的降低。神自己不但居於至高的天上，也與祂最卑下的僕人一同來到地上(參賽五十七15)。

保羅不但看出，這是神在人間事上常用的策略，他更從十字架看出一個範例。十字架惹人反感的地方，就是這個宣稱：必要藉著一個被釘十字架的人——被剝奪一切榮譽地位、被非人性化、一個卑下之中最卑下的人——才能與神相遇，才能獲得救恩。這是特殊性的真正恥辱，這不只是說，神的普世計劃全繫於一個特殊的人身上(儘管對保羅時代那些受過哲學教育的人們，以及今天啟蒙運動下的理性主義者，這足以構成叫人跌倒的理由)，而是更糟：神的普世計劃，全繫於**這個**特殊的人，這個被釘十字架的人身上。無怪乎這世代的掌權者認不出祂來(林前二8)，那些把自己的權勢地位投射在神身上的人，無法從十字架認出神來。可是，據保羅在腓立比書二章6至11節所說，這位甘心屈就自己，至於人所能達到最卑下的地位的基督，正是那個神將之抬舉到宇宙的王位上，叫萬膝跪拜，萬口承認為主的。以賽亞書後段預言的普世拯救行動——那向萬國展示神的神性的行動，神為使萬國承認祂是救主而為以色列行的新事——就是高舉被釘十架的基督。當神高舉被釘十架的基督之時，就劃定了祂的國度。

可見神成就祂普世國度的方法，是藉著一個與最微小者認同的進程。保羅的使徒職份(宣講被釘十架的基督)，某程度上也是照著這個與最微小者認同的進程。[18]這也是他在哥林多的困難。哥林多人期望保羅像個周游各地的著名哲學家，接受他們中間最富有的人款待，好賣弄文明人的技倆，顯示自己的身分。他們想要在保羅反照的榮耀裏沾光，藉以提升本身的地位。可是，保羅沒有這樣做，他叫自己的表現與他的信息相符，拒絕讓信息遷就聽眾的口味，儘管他的確可以憑這樣的口才左右他們；十字架的能力在於它有違聽者的口味。與此同時，保羅親手勞碌作工供養自己，卑微如同奴僕。他使活躍於上流社會的信眾尷尬，反而接觸普羅大眾，在朋友的皮革工場，在大眾的層次上跟他們打成一片。他的宣教策略——向甚麼樣的人就作甚麼樣的人——是傾向窮人那邊的；他說：「向軟弱的人，我就作軟弱的人，為要得軟弱的人」(林前九22)，他卻沒有向強大的人作強大的人。當然，保羅沒有比耶穌更特別疏遠特權階級，而在適當時機，他還會提出自己作為羅馬公民的特權，但那些有權有勢者、那些上流階級的，必須照著他們認識的保羅去接受他，正如他們必須接受，被釘十架的基督是完全違反他們的價值觀的。

有關聖經故事的這第四個主題軌迹，是對教會差傳的必要提醒：教會的差傳，不能對它被派服事的世界中的不公不義無動於衷。福音之臨到每一個人，不只藉著一些有關人性的抽象理論，而是在他們的社會和經濟處境的現實和差異之中。福音在邁向神國的路上，與世界的不公義交戰。這意味著，教會的差傳除了有一個往外的向度——在地理上擴展，在數目上增長——之外，還必須有一個(根據聖經的圖畫)往下的向度，與社會上最低下層的打成一片。神優先讓這一羣

——最窮的、無權勢的、不幸的、無人理會的——在祂的國裏有份，不單是為他們的緣故，也是為了我們其餘的人，要是少了**他們**的份兒，連我們自己也進不了天國。

註釋：

1 按創世記十二章2至3節，使萬國得福是神呼召亞伯拉罕的最終目的，關於這一點，參P. D. Miller, "Syntax and Theology in Genesis xii 3a", in *Vetus Testamentum* 34 (1984), 472～475。有關創世記十二章2至3節中的應許，新近的一份詳盡研究，參J. Bailey Wells, *God's Holy People: A Theme in Biblical Theology* (JSOTSS 305; Sheffield: Sheffield Academic Press, 2000), 185～207。

2 Bailey Wells, *God's Holy People*, 204：「族」(Family……)意味一個介乎支派與父家之間的單元——「宗族」(clan)。

3 這句有兩種譯法："in you all the families of the earth shall be blessed"，及"by you all the families of the earth shall bless themselves"(分別出現在NRSV的正文和頁邊。〔編按：作者在原書中主要引用NRSV版英文聖經〕)，有關討論可參J. Scharbert, "brk", in G. J. Botterweck and H. Ringgren eds., *Theological Dictionary of the Old Testament*, J. T. Willis tr. (Grand Rapids, Michigan: Eerdmans, 1975), vol.2, 297；Bailey Wells, *God's Holy People*, 203～206；C. Westermann, *Genesis 12～36*, J. J. Scullion tr. (London: SPCK, 1985), 151～152，據他看，「反身的譯法〔"shall be blessed"〕，其意思不少於被動式的譯法。如果『地上萬族』『藉亞伯拉罕』("in Abraham")祝福自己——那就是，在援引其名字的時候祝福自己……，那麼，顯而易見的假設是，他們領受了祝福……在求福的禱告中提起亞伯拉罕的名，亞伯拉罕的福就如泉水湧流，無邊無際，臨及地上萬族」(頁152)。Bailey Wells則強調反身與被動語態兩種解釋的差異(儘管兩種解釋都成立)，而加以區別：反身的解釋是在希伯來聖經內的意思，而被動的解釋，則是當新約提到該應許的時候的意思——雖然她也注意到《七十士譯本》採用的是被動意思(頁205～206)；可惜她並無討論與創世記十二章2至3節相呼應的舊約經文。

4 經評家一般不承認這裏與創世記十二章3節是互相呼應的，但《七十士譯本》的譯者們就看得出來，在《七十士譯本》，詩篇七十二篇17節與創世記十二章3節的希臘文譯文是完全相符的。

5 民數記二十四章9節上對應創世記十二章3節上(亦參創二十七29下)，

但巴蘭的神諭只涉及對以色列仇敵的咒詛，而非對萬國的祝福。有其他經文只重申亞伯拉罕應許中涉及以色列的部分（例如申九5；詩一〇五8～11），而沒提祝福萬國的應許。

6 從下一行得著提示：在此的動詞譯作「要祝福自己」比較恰當。意思是，如果以色列在求告耶和華的同時，也實行誠實公平正義的話，那麼，萬國也會在以色列的祝福和誇口之中求告耶和華了。但這也當然意味著是耶和華祝福列國。

7 此語在其他地方只曾用來指一個國家，見以賽亞書六十章21節，所指的國就是以色列。

8 新約中其他有關亞伯拉罕祝福萬國的引喻，參使徒行傳三章25至26節；以弗所書一章3節；彼得前書三章9節。有關亞伯拉罕祝福萬國這一點上保羅的詮釋，參J. M. Scott, *Paul and the Nations: The Old Testament and Jewish Background of Paul's Mission to the Nations with Special Reference to the Destination of Galatians* (WUNT 84; Tübingen: Mohr [Siebeck] 1995), 128～130。

9 K. H. Richards, "Bless/Blessing", in D. N. Freedman ed., *The Anchor Bible Dictionary* (New York: Doubleday, 1992), vol.1, 754.

10 C. Westermann 在其著作*Blessing in the Bible and the Life of the Church*, K. Crim tr.（Philadelphia: Fortress, 1978）提出這種區別，但反對的看法見於Scharbert, "brk", 305～306。

11 在此，非以色列人葉忒羅的認信—耶和華「將這百姓從埃及人的手下救出來……耶和華比萬神都大」（出十八10～11）——就是一個示範例子。

12 亦參撒母耳記上十七章46節；列王紀下五章15節。

13 關於以西結書如何使用這公式，參Bailey Wells, *God's Holy People*, 170～184。

14 有關以西結書，參Bailey Wells, *God's Holy People*, 183：「耶和華做的一切，其總體目的是要讓人認識『我是耶和華』」。

15 參K. M. Hein, "The Perfect King of Psalm 72: An Intertextual Enquiry", in P. E. Satterthwaite, R. S. Hess, G. J. Wenham eds., *The Lord's Anointed: Interpretation of Old Testament Messianic Texts* (Carlisle/Grand Rapids, Michigan: Paternoster/Baker, 1995), 223～248。

16 J. LaGrand, *The Earliest Christian Mission to "All Nations" in the Light of Matthew's Gospel* (Grand Rapids: Eerdmans, 1995)清楚說明，在馬太福音，耶穌本身單以以色列為對象的差傳，和教會以萬國為對象的普世差傳之間，如何毫無衝突矛盾，因以色列在神計劃中所扮演的角色，乃是作萬國之光，「耶穌以以色列為對象的事奉，關係以色列在普世差傳上不能忽視的角色，故此，耶穌那最『具特殊性的』言行，為萬國帶來最大的盼望」(頁205～206)。十二使徒是「為預備作神的代理人……為履行**以色列對萬國的使命**」(頁251，粗體也出自原作者)。

17 例如：S. M. Pogoloff, *Logos and Sophia: The Rhetorical Situation of 1 Corinthians* (SBLDS 134; Atlanta, Georgia: Scholars Press, 1992)；R. Pickett, *The Cross in Corinth: The Social Significance of the Death of Jesus* (JSNTSS 143; Sheffield: Sheffield Academic Press, 1997)；G. Tomlin, *The Power of the Cross: Theology and the Death of Christ in Paul, Luther and Pascal* (Carlisle: Paternoster, 1999), Part 1。

18 有關保羅的宣教之舉乃效法基督虛己之說，參M. D. Hooker, "A Partner in the Gospel: Paul's Understanding of His Ministry", in E. H. Lovering and J. L. Sumney eds., *Theology and Ethics in Paul and his Interpreters: Essays in Honor of Victor Paul Furnish* (Nashville: Abingdon, 1996), 83～100。

第三章

地理：神聖的和象徵的

聖經學者和神學家往往認為，聖經歷史比聖經地理更重要。其實，聖經有不少地理的成分，其中很多是實際的地理情況，但也有很多兼用來表達象徵的意義。(我們若不先明白那些作為象徵用法的地理名稱，所指的實際對象究竟為何，就往往無法欣賞到它的象徵意義。)再者，地理在人們的日常生活中是一個十分要緊的構件，它是人類特殊經驗一個重要的組成部分。我們住的地方影響我們的身分，而很大程度上，使得人類文化和人類社會變得豐富多姿的，是地理(這種豐富多姿正受今天的全球化威脅)。教會本身的歷史，很大程度也是由地理條件模造的。我們現在特別感興趣的是這個現象：經常有基督徒受福音的驅使，因順從聖經所指向的、那從特殊邁向普遍的方向，跨越地理界限，走向未知之地。

地理範圍及代表性的地理

聖經對萬國所屬的這個世界有甚麼認識？聖經的地理範圍是甚麼？我們最好以創世記十章作起點。由創世記十二章開始，當聖經讀者知道了神的計劃是要透過亞伯拉罕和他的後裔，祝福地上萬族或地上萬國時，就曉得那些祝福語所指的對象，是世界上所有的國家，即在十章開列的長長的挪亞家譜。那是舊約時代以色列人所知的世界。雖然無法準確界定所有的名字，但大部分都可以準確界定。而這世界所顯示的地理界限，也是相當清晰的：西至地中海的西端(他施)；[1]南至古實(即「衣索匹亞」)，從埃及北部延伸，經今日蘇丹，到今日的衣索匹亞；[2]北至歌蔑(Gomer)和亞實基拿(Ashkenaz)，即西米里族人(Cimmerians)和西古提人(Scythians)的地區，他們在北方的高加索(Caucasus)和黑海的居住範圍不詳；東方則有以攔(Elam)與東邊的美索不達米亞(或譯：米所波大米)接壤，即現今伊朗西南部地區。在希伯來聖經，舊約的地理範圍只向東有進一步的擴展。在六世紀，波斯帝國開發了前人未知的東域，是以色列人從前所不知的，同時也是希臘人從前所不知的。最富戲劇性的是，以斯帖的故事發生在波斯的首都書珊城(Susa)，此城位於創世記十章的世界裏最東邊的以攔。但以書珊為京城與帝國中心的波斯，其版圖則遠遠伸展至東方的印度、西面的埃及和衣索匹亞(斯一1，八9)。[3]聖經內提及印度[4]或遠東地區的，只有以斯帖記。

創世記十章不僅沒有提及印度，也沒有提及波斯人，[5]其實波斯人在舊約故事的最後部分裏很重要，這顯示了一點：那是對於世界有多大這個問題的一種受歷史規限的特殊看法，儘管這看法跟舊約大部分的經文都吻合。它十分全面，其涵蓋度之廣叫人讚歎。在舊約他處所記的民族之中，沒列入這份名單裏的不多。[6]後來猶太人因考慮到與日俱增的地理知識，又因許多名字當年的確實身分已遭後人遺忘，就把這份名單作加以編訂，重新解釋。[7]不過，從另一個角度看，創世記十章其實是向不斷變化的地理概念和地理範圍**開放的**。這清單開列的閃、含、雅弗後代的名字，數目剛好是七十。

這個數目意味深長，它必定跟聖經裏更常見的數目七的象徵用法有關，很可能有完整、圓滿的含義。聖經中七這個數目，經常表示完整、圓滿，但也可以是用一個有限的數目代表全體。約翰福音記述耶穌行的七個「神蹟」，代表了約翰所說的，耶穌行過而他沒有記在書上的神蹟。啟示錄所傳予的七間教會，代表著所有閱讀該書的教會。這樣以特殊代表全體的用法，並不取消那七間具名的教會的特殊性，似乎它們僅是象徵的符號而已，相反，啟示錄對七間教會有確切的描述，而向它們所發的信息，也是頗針對它們的特殊處境的。正因著它們有多樣化的不同，使它們能以代表其他教會，所有教會都可以在自身的處境與七教會的處境之間找著對應點，從中發現自己。啟示錄七教會的例子，鼓勵基督徒在新約正典確立時期，把同一見解應用到保羅書信上。保羅書信所包括的，是寫給保羅的七間教會的信件；據穆拉多利經目(Muratorian Canon)記載，保羅這樣給七間特定的教會寫信，其實是要對全教會說話。新約正典除收錄保羅給七間教會的信件外，還有七封所謂大公書信(普通書信)，這不大可能是出於偶然。

回到上文談的地理和國家的話題上，我們可以從希伯來聖經開列的一些七國名單看出同一條規律：七個代表全部。以西結書看來尤其愛用這種技巧：二十五至三十二章羅列論七個民族(亞捫、摩押、以東、非利士、泰爾、西頓和埃及)的預言，而接下去又說到埃及與另外六個民族(亞述、以攔、米設、土巴、以東、西頓)一同躺在被殺之人中間。[8]在三十八章，以西結攻擊歌革的古怪預言中有一列奇怪的清單，說明那攻擊以色列的歌革大軍，是由七個民族組成：米設、土巴、波斯、衣索匹亞、弗(利比亞)、歌蔑和陀迦瑪族。它們全是遠方之民，以色列在過去的歷史幾乎跟它們全無瓜葛。啟示錄對它們的理解是正確的，它們是「地上四方〔原文是角〕的列國」(啟二十8；參賽十一12)。大概這列名稱是順著一個圓圈的方向，以北方的米設和土巴為起點，轉到東方的波斯，然後到南方的衣索匹亞，到西方的利比亞，再回到北方的歌蔑和陀迦瑪。[9]然而，這七個特定的民族，必定也代表了所有遠方之民。稍後，我們將回到遠方之民這個題目上。

由此可見，創世記十章的七十個國家，其實是一列代表名單，其中七十個頗獨特的真實國家，代表著地上的萬國。當然，要是期望創世記把當時以色列的世界未知的國名或地名(諸如日本、新西蘭、或甚至英國)開列出來，那就會是荒謬的，但創世記十章所指向的普世領域(以及假定有普世領域的其他聖經經卷)，的確代表性地涵蓋了世界上一切有人居住的其他地區。我把這叫做「代表性的地理」(representative geography)。要緊的是，要注意這手法並沒有把所提及的特定的人或地變成純粹的象徵，它們既保留本身的真實性及真實的特殊性，又同時代表著全部的人或地。以上是一個方法，讓我們能從聖經地理方面了解特殊與普遍的關係。

我們更可以循一個有趣的方向，進一步發揮代表性地理這個概念，就是把焦點放在地極之民上。衣索匹亞人是聖經其中一種地極之民。舊約聖經頗常提到地極(end/ends of the earth，單複數通常沒有任何分別)，這是一種最生動的方式，用以指謂世上有人居住的全地，尤其普遍見於詩篇和後半部的以賽亞書。這使人想到耶和華的普世管治，就連最遙遠的民族都證明並承認耶和華是神，並且崇拜祂。[10]這既是一個擴展到地極的地理進程，就明顯涵蓋所有從世界中央到世界邊緣的國家。大地邊緣的概念，當然意味有一個中央之類的位置，距離是從該處往外量度，直到邊緣。舊約聖經字裏行間把以色列描繪成是人類所居住的世界的中央，而距離巴勒斯坦最遠的民族就被安置在世界的邊緣。我們在上一章看過的詩篇七十二篇，以具體的方式說明王的國度伸展到「地極」，它提到來自他施和海島諸王（最西面），以及示巴王和西巴王（最南面）的進貢（七十二10），這就正如新約聖經也說及南方的女王（即示巴女王）從地極來到所羅門的宮中（太十二42）。明顯，這些位於以色列兩方的遙遠之地是代表性的例子，是指著那些位於以色列眼中的世界邊緣的國家。

有些預言說到，有一天，萬國將承認以色列之神和祂的百姓，它們會前來耶路撒冷朝拜祂。在這些預言裏最常被具體提及作為諸國代表的，是來自南方的民族——埃及、衣索匹亞和別的民族（詩六十八31〔埃及、衣索匹亞〕；賽四十五14〔埃及、衣索匹亞、西巴〕；亞十四18～19〔埃及〕），這大概是因為出埃及事件早已把埃及定為一個典型，代表著以色列的仇敵。[11]不過，在此有兩個例子值得我們特別注意，先知在其中不但提及衣索匹亞（古實）這個與埃及北部接壤，位於今日蘇丹北面、疆界不詳的一片土地，更確切地提到遠遠的南方：位於「古實河外」，有江河分開之地（賽十八1、2、7；番三10）。這些江河必定是白尼羅河、藍尼羅河，和阿特巴拉河（Atbara）無疑。[12]

在古希臘人眼中，衣索匹亞人一樣是位於大地邊緣，荷馬叫他們作「最遙遠的人」（ἐσχατοι ἀνδρῶν），[13]但希臘人和以色列先知們對衣索匹亞人的看法之間有頗大的差異。在希臘人眼中，衣索匹亞人以及其他位於世界邊緣的民族，都是神話和誇張的傳說裏的題材：例如，荷馬寫道，衣索匹亞人是「無可指摘的衣索匹亞人」，獨蒙諸神眷愛前來參加他們的盛筵。但舊約先知就說得相當實際：衣索匹亞人「高大光滑」，坐蒲草船經過尼羅河(也可能是紅海；賽十八2、7)，這些蒲草船就像今天的衣索匹亞在塔納湖(Tana)仍舊使用的船。以賽亞書十八章這樣的形容無疑是實際的情況，因它反映了一件事：真正的衣索匹亞人從遠遠的南方以使節身分前來訪問耶路撒冷(賽十八1～2)。它顯明了一個事實：舊約從沒有像希臘人那樣，慣於把遠方之民神話化；這些地極之民不會比常人更似神，或更接近獸性。他們的壽命不比人長，同樣會生病，日常吃的也並非珍饈百味。他們不能滿足常人對旅人口中的遠方超奇事物的渴求，而他們的道德，也沒跟墮落的文明社會構成對比。遠方之民不過是普通人，碰巧住在距離大地中央很遠的地方，所以，以色列人極少接觸他們。

以下是西番雅的預言，論到那位於最南方的衣索匹亞人在終末未來要佔的角色：

> 那時候，我要改變萬民的言語，使之純潔，
> 好叫他們統統求告主的名，
> 同心事奉祂。
> 從衣索匹亞的河外
> 必有祈禱我的、屬我的分散之民，
> 帶著貢物來。
> (三9～10；譯按：譯自原書引用的NRSV版英文聖經)

這幾節經文似乎最好理解為是暗指創世記十一章的巴別塔故事，兩者在用字上有好些叫人驚奇的對應點。[14] 建造巴別塔

的人之所以聯合起來，是為傳揚自己的名（創十一4），而萬民之聯合起來，是為求告耶和華的名。巴別事件後萬民的語言「變亂」了，而在將來，就有「純潔」的語言。遭耶和華分散在全地的巴別居民，那些「分散之民」（創十一8），現在變成了「屬我的分散之民」，[15]當他們把貢物帶來，奉獻給耶路撒冷殿中的耶和華，他們就重新被聚合起來。因此，那些來自遙遠的南方，來自衣索匹亞河外的人，在此成了分散全地上的萬民的代表，在以色列的世界裏，他們是被分散得最遠的一羣。

代表地理的概念，有助我們正確了解舊約預言的普世性。先知按著他們在其世界裏所認識的個別民族，繪畫那個普世性的未來，即那個由神普世性的統治所規定的終末未來。這些民族雖被用來作為代表，卻沒有失去本身的特殊性，終末未來其實是萬民的未來，這些民族也包括其中；但它們本身的特殊性，也代表了每一個地方和民族的特殊性。

我們還有最後一個例子，它是最接近新約中以萬民為對象的差傳觀的。在以賽亞書將近結束的部分，神說：

> 我要來聚集萬國萬民（「民」原文是「舌」）；
> 他們要來，並看見我的榮耀，
> 我又要在他們當中設立一個記號。
> 我要從他們差遣生還者到多國，
> 到他施、普勒〔利比亞〕，和路德〔呂底亞〕，
> 到米設、[16]土巴和雅完〔希臘人〕，
> 到那些未聽過我名聲、未見過我榮耀的

遠方的海岸〔或海島〕去；
他們要在多國中宣揚我的榮耀。
(六十六18～19；譯按：譯自原書經修改的NRSV版英文聖經)

就著差遣人到多國，向多國宣揚神的榮耀一事而言，這段經文在希伯來聖經裏是獨一無二的。這些國家是那些沒親眼見過，或直接聽聞神為祂子民所施行的拯救行動的遠方國家。如果我們數一數經文提到的國家(民族)，把最後那個頗為一般性的海岸或海島都計算在內，名單裏的國家數目就剛好是七——具代表意義的七；[17] 所以，它們其實代表著萬國(所有的民族)。他施、普勒〔利比亞〕、米設和土巴在我們已看過的一些經文裏代表著遠方之民，但從整體上看來，這份名單是非常獨特的，這些地方似乎全部位於北方和西方。米設和土巴很可能在今日土耳其的東北面；路德〔呂底亞〕即土耳其的西部和南部；雅完是指愛奧尼亞(Ionia)和希臘的希臘人；普勒〔利比亞〕也許是埃及西面地中海沿岸的非洲一帶；他施在遠遠的西面，最可能是指西班牙；海岸或海島一詞的原文用來指過海之後所到的陸地[18]——在這份名單裏，它最自然的解釋，是指地中海的海岸或海島。這個範圍其實等於使徒行傳和保羅書信裏所繪畫的，初期教會的差傳範圍。正如部分學者所提出的一個看法：保羅可能真的把這段經文理解為他幾次宣教行程的總綱(不過他很可能沒有像我們那樣準確地找出所有的地方)。[19] 而保羅的宣教行程也只是初期教會差傳使命的一部分；這樣把福音帶到已為人知的世界裏的一個區域，在路加筆下只是代表，代表著他沒在故事裏説出來的其餘部分。[20]可見這以代表性地理來闡明神的普世計劃的原則，從舊約延展到新約。

中央與全域

在以西結書五章5節，神論耶路撒冷説：「我曾將她安置在列邦之中；列國都在她的四圍」(亦參三十八12)。這幅圖畫描寫耶路撒冷——準確一點，是描寫錫安——是已知世界的中心，其他國家就像是從以色列朝大地邊緣往外開展的一個又一個的圓圈。前文説過，這幅圖畫已隱含在舊約多處經文的字裏行間。這也是使徒行傳一章8節，耶穌對使徒的囑咐所假定了的圖畫，該處提及使徒作見證的使命要從耶路撒冷往外開展，起初達到猶大和撒馬利亞，最後來到地極，一路上把所有國家都納入使命的範圍。

聖經這幅圖畫以耶路撒冷作為世界的中心，這也不特別出人意外。民族之間以自己作為中心，以自己的聖地作為世界的中心，就這樣構想出一幅世界地圖，並非不尋常，反倒是頗常見的。在古希臘人而言，特耳非(Delphi；譯按：希臘神明阿波羅的聖地)是世界的「中央」("navel"；譯按：直譯作「肚臍」)。[21]但這樣一幅圖畫很容易支持一種種族中心主義(ethnocentrism)，即看中心是優秀的，中心以外都是次等的。據希臘史家希羅多德(Herodotus)看，波斯人是抱持這種觀念的表表者：

> 他們最尊敬最接近他們的民族，其次是與這些民族毗

> 連的；至於其他民族距離愈遠，尊敬程度愈低，那些住得最遠的，他們最不尊敬。(1.134)[22]

希氏本人因看不起這種觀念，就提出一種反種族中心主義，把最遙遠的民族——那些住在世界邊緣的，例如衣索匹亞人——理想化，將之美化為高潔的民族，跟中心民族那不完美的文化形成對比(不管那是甚麼民族，總之是把自己看成是世界中心的)。

文化高低的問題促使希臘人輕視非希臘人，但以色列——或至少，以色列的先知——似乎並不關心文化高低的問題；就如我們看過的，遠方之民在舊約裏既沒有被理想化，也沒有被視為化外人，他們不過也就像其他國家一樣。以色列和萬國的分別，在於以色列蒙受了他們所不配得的、耶和華的揀選，作為祂的一羣子民，好叫祝福臨到萬民。以色列之被召，是為要忠於她和耶和華所立的約，並非為高人一等，而是要以這個約的關係作為模範，吸引其他民族。以色列的種族中心主義，容易叫她誤用這份權利，而先知阿摩司把以色列說成跟其他國家一樣的重要，正是為了責備她這種傲慢的心態：

> 「在我看來，你們不就像衣索匹亞人嗎，
> 以色列人哪？」主說，
> 「我不是領以色列從埃及上來，
> 領非利士人從迦斐託〔可能即克里特〕，
> 領亞蘭人從吉珥〔可能即在美索不達米亞東部〕上來嗎？」
> (摩九7；譯按：譯自原書引用的NRSV版英文聖經)

耶和華也曾經把以色列的部分鄰國從遠方的世界領來，如此，祂也必能(要是祂願意的話)為自己從地極興起另一個民族，把他們安置在中央。[23] 衣索匹亞人和以色列人一樣管用。這決不是否定了神揀選以色列的事實，阿摩司本人也強調這一點：「在地上萬族中，我只認識你們」(三2)；相反，這是肯定了耶和華的絕對主權，祂能夠、且有權揀選任何一個祂喜歡的民族，作為實現祂對世界的計劃的工具。中心位置完全是出於耶和華自己的揀選，衣索匹亞人這些遠方之民絕不是次等的。[24]

保羅尖銳批評希臘的種族中心主義(希臘人一向輕看非希臘人)，他在歌羅西書寫道，在新人類中間「再也不分希臘人、猶太人、受割禮的、不受割禮的、化外人、西古提人、為奴的、自主的：基督就是一切，住在各人之內」(三11；譯按：譯自原書經修改的NRSV版英文聖經)。或會叫人感意外的是，他只提到一個特定的民族，就是西古提人，這個民族在新約其他經文並無出現。但在保羅的世界裏，西古提人就相當於羅盤的對角，[25] 是位於極北的遙遠民族，是黑海以北那片貧草原上的遊牧民族。儘管有某些希臘作家抱持著上文所提的反種族中心主義，把他們理想化了，但一般的觀念還是看他們是野蠻人中的野蠻人、未開化的野人。[26] 猶太史學家約瑟夫(*Against Apion* 2.269)也像其他希臘化的人一樣，借用了希臘人的文化優越觀，說西古提人「幾乎與野獸無異」。保羅的觀點才是真正的猶太人觀點，將希臘人和西古提人相提並論，大抵就如阿摩司之將以色列和衣索匹亞人並列。

據人們對歌羅西書三章11節的慣常理解，保羅首先提到一般的「化外人」一類，那是希臘人對所有非希臘人的統稱，表達了希臘人感覺自己比這所有的非希臘人都要優越；然後，他提到比較特定的「西古提人」一類，那是被視為野蠻人之中最野蠻的。但這個解釋有一個困難，因為保羅在本節提到的另外三組名詞(「希臘人、猶太人、受割禮的、不受割禮的、……為奴的、自主的」)全是相對的，按通常對「化外人、西古提人」的解釋，這一組就不符合這個規律。但高登寶(David Goldenberg)提出了一個具有吸引力的看法：保羅這裏的「化外人」("bavrbaro")，是指住在大地南端的人，故此「化外人、西古提人」，就是指位於南北兩端的民族，這是地理上或種族上(黑人/白人)的對比，與保羅的清單上其餘幾組對比，即國家(希臘人和猶太人)、宗教(受割禮的、不受割禮的)及社會性的(為奴的、自主的)對比平行。高氏指出，「化外」一詞是東非一個地區(蘇丹、厄立特里亞〔Eritrea〕、索馬利亞〔Somalia〕)的總稱；他並指出，當拉比文獻用「衣索匹亞人與西古提人」這個標準詞組來指稱世界南北兩極的人時，出現的字眼並非「衣索匹亞人」，而是「化外人」(ברברי)。[27]假如這是歌羅西書三章11節的正確解釋，那麼保羅不但是說，福音的涵蓋度達到了全世界的整個範圍(從最南到最北)，他也是說，在基督裏超越了種族之間的差異和分歧。

我們閱讀舊約故事的時候容易忽視一點：以色列早已被神命定，要成為萬國的祝福，我們只倚賴創世記所提供的，有關以色列歷史的骨架，以及抱持這觀點的部分先知。但舊約經常叫我們注意，以色列在列國中的位置。以色列的歷史，肯定不是偏守一隅，孤芳自賞的；其實，正是由於她的地理位置（以西結稱之為在列國中央），才清楚表明了她的命運其實是與列國息息相關的：那包括了她的近鄰，她附從的大國，以及因這些大國而進入以色列的視野範圍的、偶而讓她實際接觸到的更遠的國家。不論那是因為人們「從天下列〔國〕」來聽所羅門的智慧話（王上四34；參四31，十24），或是因為希西家「在列邦人眼中看為尊大」（代下三十二23），或是因為以色列被擄之後分散「在萬民中，從地這邊到地那邊」（申二十八64），在以色列的歷史上，世界全域始終和她分不開。以色列歷史的一些重大片段，其發生地點遠至埃及北部（巴忒羅：耶四十四章）、尼尼微（拿三章）、巴比倫（王下二十五27～30；詩一三七篇；以西結書；但以理書）、亞馬他（拉六2）和書珊（尼一1～二8；以斯帖記），這還未足以涵蓋亞哈隨魯王國內，從印度到衣索匹亞的全部一百二十七個省哩（斯九1～5）。

傳統認為，在已為人知的世界中的每一個國家都有散居的猶太人（Jewish diaspora），這和真正的事實相去不遠，反映在路加的文中；他提到「猶太人從天下各國來」，在耶路撒冷過五旬節（徒二5）。路加接著列出的十五個民族和地方，所記述的散居範圍有相當的準確度（二9～11）。它的界限所及，卻明顯不及創世記十章所列的諸國名單，除了在東面以外——在路加的清單上首先提到帕提亞人。在北面，它僅延伸至黑海南岸，南面沒越過阿拉伯（很可能在阿拉伯西北部的納巴提安〔Nabatea〕），西至羅馬。按著該年代的地理而言，以上地方還說不上是接近地極的，而路加當然知道這一點，因他在別處曾提及衣索匹亞（徒八27），[28]而新約聖經也是認識西班牙（羅十五23～24）和西古提人（西三11）的，並且，當時人人都認識印度和歐洲大陸北部沿海的地區。但路加所勾勒的散居範圍，只限於那些有顯著的猶太人社羣的，而且，他大概是要把耶路撒冷放置在中央的位置，這一點，他是相當準確地做到了。福音要從耶路撒冷傳開，到達這個猶太人世界，同時到達猶太人居住的外族國家之中。它清楚說明，基督教的差傳如何從舊約聖經裏那個以色列中心的世界觀取得一個雛型；同樣重要的是，這雛型如何由以色列和列國唇齒相依的關係（無論從歷史或終末的角度看）演變出來，這列國，正是神把以色列安置在其中，又把她分散在其中的。

尋找與差派——或：從這地到那地，從那地到這地

有關舊約差傳概念的先例，以及新約差傳工作的起步的研究，經常呈現兩個相反的進展方向，一是向心的（centripetal），一是離心的（centrifugal）。[29]（所牽涉的問題是，相對於耶路撒冷這個中心位置的進展方向，是從外到內，朝向耶路撒冷，或是從內到外，由耶路撒冷開展？）舊約先知盼望，列國將要承認並事奉以色列的神，他們對此的描述，通常是列國前來耶路撒冷，來到這個神所在之地，這個崇拜中心（例如亞八20～23，十四16）——一個向心的進程。耶穌的言論中也展示了這幅圖畫——一個向心的進程；祂預見很多人要從東從西，在神國裏與列祖同席（太八11；參路十三29），[30]在其中耶穌很明顯是在重申，那些論及分散的猶太人將要重返耶路撒冷的預言（例如亞八7～8；賽十一12，四十三5～6，四

十九12；詩一○七3）。但先知們也展示這樣的一幅圖畫：外族國家連被擄回歸的猶太人一起從各方來到錫安（賽四十九22～23，六十1～9，六十六20；亞八23）。當耶穌論到祂的門徒該是怎樣的一個羣體時，祂說：「城造在山上是不能隱藏的」（太五14），這其中也表達了一幅向心的意象。這話叫人想起在以賽亞書和彌迦書所說的論錫安山的預言：錫安山要高於萬嶺，萬民要流歸這山（賽二2；彌四1）。耶穌的門徒要作為一個吸引人前來的中心。

和以上的向心意象比較起來，新約的差傳觀念相對之下則常被人認為是新奇的，新奇之處並不在於它期望外族國家歸信基督，而在於差傳的概念，那就是，從中央走到外圍——一個離心的進程。事實上，先知書中早有線索，最明顯的有我們看過的以賽亞書六十六章19節。在剛才提到的以賽亞書和彌迦書，除了列國前來錫安之外，又有主的道從錫安而出（賽二3；彌四2）。而當錫安發出神榮耀之光，在黑暗裏照亮，吸引萬國前來的時候（賽六十1～3；參太五14～15；腓二15），這個意象就融合了兩個進程：有光發出，和列國前來。人們把救恩的好消息從錫安帶到外面的列國去，這不是一個新的概念，而是變化自這幅發光引人前來的意象。當耶穌把約拿先知和示巴女王這兩個例子相提並論，作為對聽眾的警告時，祂是從聖經取了兩個意象，一個向心，一個離心：約拿從以色列被差遣到北方的尼尼微去，而示巴女王則由於所羅門王遠近聞名的智慧，從地極被吸引到耶路撒冷來（太十二41～42）。雖然耶穌這話的表面意思並非差傳，但它的確包含了舊約裏兩幅不同而又互相補充的意象，表明人們要如何認識到這個有關耶穌的好消息。離心和向心的意象並非各自獨立、互不相關的，我們將要看見，當地理從實際的地理變成象徵的地理的時候，就更是如此。

聖經裏最主要的離心意象是：差派一個人；這個意象屢次用來描述神差派一位先知到祂的百姓那裏去(摩西、以賽亞、耶利米、以西結、耶穌自己)。在這些例子裏，涉及的地理遷移幾乎等於零(如果有的話)。意象所關乎的意義，反而是經授權以神的名義講話和行動，這種意義在神或耶穌差派門徒時，也還保留著(例如約二十21；羅十15；林前一17；參太二十八18～20)。特別當這意象用在差派人到別國去的時候，就富有更強烈的地理色彩了，就如早在以賽亞書內，論到一批生還者要被差到列國去的預言(賽六十六19)，及其後在使徒內，差派眾使徒的個案裏(徒十三4，二十二21，二十六17～18)。耶穌於保羅在聖殿所見的異象中對他說：「你去吧！我要差你**遠遠地**往外邦人那裏去」(徒二十二21)，這叫人想起以賽亞書那熟悉的遠方之民的意象(賽三十三33，四十九12，五十七19，六十六19；參但九7；徒二39)。不過，就是在這些例子中，以神的名義發言仍是其中一層值得注意的意思。雖然說，這差派通常是差派一個人，但這條通則有一個重要的例外情況：約翰福音(儘管它有著某些人說的個人主義)[31]看來預示了一次集體性的差派，一次由耶穌向其門徒發出的全體差派；尤其是，這一次的差派(十七18)與耶穌的禱告有著密切關聯，在其中祂祈求門徒合而為一，正如祂與父合而為一(十七20～23)，因而集體差派的概念就更呼之欲出了。[32]

這些意象是否用來指實際的地理，在乎一個概念：耶路撒冷是否佔中央位置？起初的基督教差傳無疑假定了這一點，而使徒行傳也繼續沿用這個概念，因耶穌囑咐門徒要在耶路撒冷、在猶太地和撒馬利亞，直到地極，作祂的見證人（徒一8）。就算在保羅對他自己的差傳使命的了解上，這種以錫安為中心的地理觀也很重要，他在羅馬書描繪的差傳，是依循一道從耶路撒冷這個中心點開展的弧形進行的，[33]此刻他有意完成這度弧形，因此計劃往訪羅馬，主要並非以羅馬為終站，而是以它為踏腳石，好往西班牙去——當代世界中的最西方（羅十五19、23～24）。保羅顯然把他為耶路撒冷教會收集捐款一事，視為一個萬民來朝的景象：眾先知預言的各方貢物都被帶到耶路撒冷來了。可是，儘管耶路撒冷教會似乎從未質疑過耶路撒冷的中心位置，教會本身卻有它的想法，它把這個地理意象變成具有象徵意義的，使耶路撒冷在基督教的差傳使命上變得無足輕重，因他們相信：彌賽亞時代的聖殿——新的聖殿——是教會本身，不是一座建築物，而是一個羣體（參加二9），這個羣體是神終末臨在的場所。正是由於這個看法（新的聖殿就是教會），耶路撒冷的領袖們毋須外邦人成為猶太人，就能接納信主的外邦人正式成為神彌賽亞子民的一分子。假如這個羣體是由錫安山上的那座聖殿來界定的話，情況就不可能如此，因為那必會將外邦人拒諸門外；但在這個猶太人和外邦人兼容、神自己所立為新聖殿的羣體裏，就使得那些講及列國在聖殿裏尋求神同在的預言得以實現了。這是使徒行傳十五章的耶路撒冷會議中，雅各所提出的重要論證的部分理據。[34]而教會作為新聖殿的意象，也普遍見於整部新約。

既然新聖殿的概念不是地點而是一羣人，那麼我們可以看見，中心與外圍的空間意象，開始失去它所指的實際地理方面的意義了。當以弗所書說到「遠處的人」和「近處的人」，其中的轉變就更令人吃驚。「近處的人」和「遠處的人」兩個片語，是取自以賽亞書五十七章19節的語言，一向用來指稱教會內的以色列人和外邦人，兩者分別是神和以色列所立之約的局內人和局外人，前者能夠進入神在聖殿的臨在中，後者不能(弗二12)；但在教會內，兩者都能夠在基督裏進到神面前。神的臨在，現存在於那個由祂子民所組成的象徵性的聖殿當中(二21)，這個新的中心點無所不在，又無處存在，就如現代地理和後現代全球化的到來，現已使得地極變成無所不在，又無處存在了。倘若以某個地方代替耶路撒冷的中心位置，不論是以古時的羅馬或拜占庭也好，或是以今天差傳年代的西歐也好，都必定是錯的——即使這樣做是多麼可理解。神的子民的確從一地移到另一地，但並非從一個地理上的中心位置移到地理上的外圍。借用拿細亞里主教(Bishop Michael Nazir-Ali)筆下的書名，差傳就是：「從各地到各地」("from everywhere to everywhere")。[35]

讀者不應誤會，以為基督教之這樣把一個特殊地理中心的概念廢除，就等於舊約偏重特殊，新約偏重普遍，其實，不論新舊約都有從特殊進到普遍的連續進程；據聖經的說法就是，沒有特殊就沒有普遍。基督徒再沒有一個地理**中心**，意思並不是廢除了這條通則，意思不過是，從特殊到普遍的一個特定情況——從世界的單一中心到世界的外圍——不再按照字面理解。

這兩個進程方向（離心與向心）的意象所具的永久價值，雖不受任何特定地理所限，但它也像所有的人生一樣，總有它的地理處境。教會的差傳，要求那些從神獲得權柄去宣講祂信息的個人或團體從所屬的羣體出去，到其他人那裏，無論遠近，並到那個從其團體生活及與圈外人的關係，顯出神在他們當中臨在的團體去。見證的意象（不是地理上的意象，而是那接近聖經差傳觀的核心的）在以賽亞書、約翰福音、使徒行傳和啟示錄都很重要，它超越了這兩個層面（在最後一章，我們會回到見證這個有關差傳的課題上）。

不過，在結束這個以耶路撒冷為中心的地理意象之前，我們應該留心一點：儘管部分新約經文以教會論（ecclesiological）的方式來運用這類意象，亦即以基督徒羣體所慣用的方式來使用這些意象。但在約翰福音裏，它們卻是按照基督論（christological）的方式被使用，藉此暗指耶穌。在約翰福音裏，耶穌本身就是那座新的聖殿，超越了錫安山上那個神所在的聖所。因此，當耶穌與撒馬利亞婦人談話之時，祂不但就有關以色列境內神臨在的真正場所的問題，直率地肯定了猶太人與撒馬利亞人的爭論中猶太人的立場（四22），祂更宣告了這種地理概念的更替，祂說：「時候將到，你們拜父，也不在這山〔基利心山〕上，也不在耶路撒冷」（四21；參23節）。耶穌在這裏一下子就把全部以錫安為中心的預言變成了隱喻，在彌賽亞時代具有象徵意義。我們從約翰福音的其他經文更了解到，全部預言都應驗在耶穌身上了，人要從耶穌身上與神相遇並認識祂；與此類同的是，耶穌自己是那照亮黑暗的世界之光，凡願意的都可以來就光（一9，八12，十二46）。

向心意象在約翰福音裏最有趣的用法，是在耶穌這話中：「我若從地上被舉起來，就要吸引萬人來歸我」（十二32）。這經文很可能有一個背景在以賽亞書十一章10、12節，該處把大衛彌賽亞描寫成是神要舉起的旗號，用來招聚列國從地上四方前來。在約翰福音，這招聚列國的旗號變成了耶穌在十字架上，從地上被舉起來——祂並因此被提升到天上。是這位被釘又獲高升的耶穌，吸引萬民來到祂那裏，就如預言中那被高舉的錫安山，萬民都要流歸該處。

有關這含義豐富的意象，有兩點值得我們注意。第一，在此發生的事就是在教會差傳所發生的事，不同的是，耶穌自己——這被釘又獲高升的耶穌——成了推動者，是祂自己吸引萬民歸向祂。波希（David Bosch）指出，舊約裏的向心進程，並不如人想的那樣是「差傳」的主要特色，[36]它只是「用來表達一個信念：差傳的創始人是神——不是以色列。」[37]同樣，在約翰福音耶穌這話裏，其向心意象清楚表明，是耶穌自己吸引人歸向祂，這一點在約翰福音的另一個重要意象，即門徒受耶穌差派去延續祂的使命這個離心意象裏（二十21），就顯得沒有那麼清晰了。

第二，儘管這意象中的地理在某種意義上是被提升了——人們沒被吸引到一個特定的地方去——但其特殊性始終不變，是這個被釘又被高升的特殊人物耶穌，吸引萬民，為萬民所歸。正如聖經所記載的一貫情況，普遍性沒有被壓下去，反倒是從特殊性反映了普遍性。萬民的彌賽亞、萬民的救主耶穌，具有一個真正的人一切時間上和地理上的特殊性，祂在一世紀的加利利和猶太居住。作為被釘而又被高升的那一位，祂在地上全部的生平和際遇，一如福音書所載，依舊是祂身分的一部分，而祂的高升則使祂得以因這特殊性與全人類建立一種關係，這關係的建立是祂不能單憑地上的生活做成的。約翰福音此語，其實是耶穌事後對那幾個曾與門徒接觸，表示想見耶穌的希臘人的回應（十二20～21）。列國的人此刻——在祂還沒死去之時——見不見祂都無關重要，因為祂不久就要從地上被舉起來，祂在那個位置上，所有人都可以看見祂，來到祂那裏了。最後，與其說耶穌取代了錫安聖殿所具有的猶太人特殊性，不如說是完成了它；猶太人的特殊性成了耶穌特殊性的一部分，因祂本身所具有的人類特殊性，曾經是現在也是，猶太人的。這特殊性，是一個猶太男人的特殊性，這猶太男人曾在祂稱為父家的聖殿裏崇拜（路二49；約二16）。

散居之民

除了我們在前文討論過的兩幅地理意象（向心和離心的），還有第三幅地理意象；隨著一個物質性的中心點的失去或短缺，這第三個意象有了新的意義。這是神的子民在萬國中作為被逐之人的意象。它當然是來自舊約以色列之被擄、流亡國外的經驗。路加福音所載，福音從耶路撒冷往外擴展的進程，描繪了一批真正的散居之民——耶路撒冷教會由於耶路撒冷的迫害，被逼分散遠至安提阿，在那裏認真地開始了它向外邦人的差傳工作。基督徒在耶路撒冷的物質性中心既然不再存在，那麼，像希伯來書或彼得前書的作者們，也就不妨把任何地方的基督徒稱為客居異鄉者、被流放的一羣了，像他們的列祖那樣是寄居於外人之地的，等候返回天上的耶路撒冷——將來要降臨在地的家鄉去。[38]在今天的時代，有的時候，有人會把這個意象跟一種非聖經的來世觀聯上關係，儘管如此，它在差傳方面給我們的正面意義是，它促請教會成為一個反文化的進程，為著一位與別不同的神過著一種與別不同的生活方式，並對未來抱著不一樣的看法。

當處於後現代西方的教會，重新建構它與一個後基督教社會的差傳關係時，這幅圖畫很可能會再度恢復它的地位。西方教會也許必要習慣這種想法：它在神裏面的中心點（從這一點往外，藉宣講和恩慈的行動接觸其他人），實際上是社會文化層面一個被逐或邊緣性的位置；這會有助加強它為基督而作的見證，因基督自己也是經常處於邊緣的。

註釋：

1 約拿逃往他施（拿一3），因它位於大地的西端，是他能夠以最高速從以色列趕去的最遠之地（取海路比取陸路快）。

2 哈薩瑪非（創十26）即哈德拉毛（Hadramaut），位於阿拉伯半島南部大約同一緯度，如果弗（創十6）的正確位置，是埃及人所知的朋特（Punt，大概即索馬利亞），它就會位於更遠的南方；不過，它比較可能即利比亞：參J. Simons, "The 'Table of Nations' (Genesis 10): Its General Structure and Meaning", in R. S. Hess and D. T. Tsumura eds., *"I Studied Inscriptions from before the Flood": Ancient Near Eastern, Literary, and Linguistic Approaches to Genesis 1-11* (Sources for Biblical and Theological Study 4; Winona Lake, Indiana: Eisenbrauns, 1994), 250～253。

3 據斯特拉博（Strabo, *Geography* 15.3.2）所記，波斯人古列（或譯：塞魯士）征服了米底亞人以後，發覺他的本鄉波斯變成了在帝國的邊緣，因而遷都至較近中部的書珊。

4 至於在次經，亦參馬加比一書六章37節。

5 除非他們已包含在瑪代(創十2)，即米底亞人之中，如在以賽亞書十三章17節，二十一章2節；耶利米書五十一章11、28節明顯所見那樣。

6 可以理解，創世記十章略過了一些從該章的觀點看來是後期產生的國家：摩押、亞捫、以東，並以色列本身。同樣的理由，也適用於出自拿鶴(創二十二20～22)、亞伯拉罕和基土拉(二十五2～4)，及以實瑪利(二十五13～15)後代的民族，儘管這些家譜裏的一些名字，也出現在創世記十章。其他沒提及的民族有亞拉臘(王下十九37；耶五十一27)和米尼(耶五十一27)。

7 有關猶太人就這份列國清單而作出、非從聖經角度出發的詮釋，有一個概論可見於Scott, *Paul and the Nations*, 14～56。

8 又，留意以西結書三十章4至5節的埃及和六個盟友。

9 有經評家試圖把這些國家全歸入北方之列，就如以西結書三十八章15節，三十九章2節可能暗示的(持這見解的有D. I. Bock, *The Book of Ezekiel: Chapters 25-48*〔NICOT; Grand Rapids, Michigan: Eerdmans, 1998〕, 439)。但如果我們讓所提及的每個國家保留他們平常的身分，便會得出這幅圖畫：歌革和大部分盟友都來自北方，兼有來自其他三個方向的盟友。

10 例如詩篇二十二篇27節，四十八章10節，五十九章13節，六十五篇5節，六十七篇7節，九十八篇3節；以賽亞書四十章28節，四十一章5、9節，四十三章6節，四十五章22節，四十八章20節，四十九章6節，五十二章10節，六十二章11節；耶利米書十六章19節。

11 另一種解釋，參N. K. Gottwald, *All the Kingdoms of the Earth: Israelite Prophecy and International Relations in the Ancient Near East* (New York: Harper & Row, 1964), 223。

12 E. Ullendorf, *Ethiopia and the Bible* (Schweich Lectures 1967; London: Oxford University Press for the British Academy, 1968), 6.

13 J. S. Romm, *The Edges of the Earth in Ancient Thought* (Princeton: Princeton University Press, 1992), 49.

14 R. L. Smith, *Micah-Malachi* (WBC 32; Waco, Texas: Word, 1984), 142，作者看出經文與創世記十一章的呼應，但並無就各對應點詳加說明。

15 有經評家把他們理解為居住在衣索匹亞的猶太人，但這會使經文與9節失去關聯。

16 本譯文在這裏是依據《七十士譯本》而非馬索拉經文；參R. Riesner, *Paul's Early Period*, D. Scott tr. (Grand Rapids, Michigan: Eerdmans, 1998), 252。

17 以賽亞書十一章11節有一份不同的列國清單，和這一份平行，被逐的以色列人將要從這多個國家重新聚集起來。如果不包括結束部分提及的海岸或海島，經文中的國家數目是七個（亞述、埃及、巴忒羅、衣索匹亞、以攔、示拿〔巴比倫〕、哈馬）。儘管這名單和「地的四方」（十一12）相對應，所提諸國之中，在遠方的並不多（只有衣索匹亞和以攔）。

18 參W. Horowitz, "The Isles of the Nations: Genesis x and Babylonian Geography", in J. A. Emerton ed., *Studies in the Pentateuch* (VTSup 41; Leiden: Brill, 1990), 35～43。

19 Riesner, *Paul's Early Period*, 245～253。大概保羅像約瑟夫那樣（*Antiquities* 1.127），把他施當作是大數。而對Riesner這論點的評論，參Scott, *Paul and the Nations*, 145～147。

20 從使徒行傳二章5至11節路加所記的差傳地理領域，足以清楚看見這一點。

21 以西結書三十八章12節或許也用了同一個隱喻。

22 出自Romm, *The Edges of the Earth in Ancient Thought*, 55的引文。參波斯人的世界地圖，是以波斯為中心，衣索匹亞、利比亞、希臘、色雷斯（Thrace）和西古提人在周邊，這是根據大利烏一世（Darius I）的碑文建構的，記於P. Goukowsky, *Essai sur les Origines du Mythe d'Alexandre (336-270 av. J.-C.)* (Nancy: University of Nancy II, 1978), vol.1, 223。

23 施洗約翰在馬太福音三章9節、路加福音三章8節也提出了類似的觀點。

24 參Gottward, *All the Kingdoms of the Earth*, 117：「阿摩司成功說明一點：一方面以色列是一個獨特的民族，是重要的；另一方面，在神看來她只是比較重要，其實全部民族在神看來都重要，要在地上施行公義，神有許多資源。」

25 G. L. Byron, *Symbolic Blackness and Ethnic Difference in Early Christian Literature* (London: Routledge, 2002), 33；D. Goldenberg, "Scythian-Barbarian: The Permutations of a Classical Topos in Jewish and Christian Texts of Late Antiquity", in *Journal of Jewish Studies* 49 (1998), 91～94。

26 考古學讓我們知道，西古提人精於金工（參，例如，T. Talbot Rice, *The Scythians*〔London: Thames and Hudson, 1957〕），對此希臘人必有所聞；這卻不能抵消西古提人的惡名：他們性情兇殘，把敵人格殺勿論。

27 Goldenberg, "Scythian-Barbarian", 87～102；關於Barbaria與Barbarian兩個名字，亦參D. Goldenberg, "Geographia Rabbinica: The Toponym Barbaria", in *Journal of Jewish Studies* 50 (1999), 53～73。

28 Byron, *Symbolic Blackness and Ethnic Difference in Early Christian Literature*,

111，主張使徒行傳二章39節「在遠方的人」指的是衣索匹亞人，並且是八章26至39節那個衣索匹亞人歸主的伏線。「遠方」在聖經內外，都可用來形容地極之民（聖經內的例子有賽三十三13，四十九12，五十七19，六十六19）。在此，路加大概是繼續他在使徒行傳一章8節所喚起的「地極」意象，所要指向的當然不止衣索匹亞而是地極全境，不過，使徒行傳八章的衣索匹亞人，的確是他這篇記述裏惟一一個住在地極之內的人。

29 例如J. Blauw, *The Missionary Nature of the Church: A Survey of the Biblical Theology of Mission* (Guildford/London: Lutterworth, 1962)；J. Jeremias, *Jesus' Promise to the Nations*, S. H. Hooke tr. (SBT 24; London: SCM Press, 1958)。

30 路加的版本包括了全部四個方向。兩種寫法在舊約預言裏都有先例：撒迦利亞書八章7節（從東從西）；以賽亞書十一章12節（從地的四方），四十三章5至6節（從東、從西、從北、從南、從遠方、從地極），四十九章12節（從遠方、從北、從西、從希尼〔南方〕）。

31 C. F. D. Moule, "The Individualism of the Fourth Gospel", in *Novum Testamentum* 5 (1962), 171～190.

32 A. J. Kostenberger, *The Missions of Jesus and the Disciples according to the Fourth Gospel* (Grand Rapids, Michigan: Eerdmans, 1998), 188～190.

33 參Scott, *Paul and the Nations*, 136～140。

34 R. Bauckham, "James and the Gentiles (Acts 15.13-21)", in B. Witherington III ed., *History, Literature and Society in the Book of Acts* (Cambridge: Cambridge University Press, 1996), 154～184；J. Ådna, "James' Position at the Summit Meeting of the Apostles and the Elders in Jerusalem (Acts 15)", in Ådna and Kvalbein eds., *The Mission of the Early Church*, 87～123.

35 M. Nazir-Ali, *From Everywhere to Everywhere* (London: Collins, 1991).

36 用「差傳」一語談論這個向心意象嚴格來說並不適切，但我在此用它是因為Bosch用它。

37 D. J. Bosch, *Witness to the World: The Christian Mission in Theological Perspective* (London: Marshall, Morgan & Scott, 1980), 77.

38 希伯來書十一章8至16節，十三章14節；彼得前書一章1節，二章11至12節，五章13節。

第四章

在後現代兼全球化的世界中為真理作見證

整個聖經故事與後現代批判

紐平根（Lesslie Newbigin）在一九七八年出版了一本關於基督教差傳的好書：《公開的秘密》（*The Open Secret*），副題是《差傳神學概述》（*Sketches for a Missionary Theology*）。其中有一章的題目為「世界歷史上的福音」("The Gospel in World History")，用一種不同的方式，概述了不少我在本書前幾章要說的東西，但他比較著重詳盡的釋經。他同樣提出了整個聖經故事中普遍和特殊的問題，以之為「差傳問題的核心」：

> 這個問題關乎如何把神的普遍性與其特殊的言行聯上關係。神在萬有之上，貫乎萬有之中，若不是祂願意，一隻麻雀也不會掉到地上；可是聖經談到神是在特定的時間地點行動說話的，二者有何關聯？

為說明這個問題對教會的差傳有何意義，他引羅馬書十章12至15節作為一個寶貴例子。他說，保羅在該處「宣告了一種消除一切的普遍性」：

> 猶太人和希臘人並沒有分別，因為眾人同有一位主；他也厚待一切求告他的人。因為〔保羅引述先知約珥的話〕「凡求告主名的，就必得救」。（羅十12～13）

而保羅按著他對整部聖經的理解，馬上從這種對普遍性的肯定，無可避免地推出一個結論來，他肯定了「宣教士要出去傳講的必要」：[1]

> 然而，人未曾信他，怎能求他呢？未曾聽見他，怎能信他呢？沒有傳道的，怎能聽見呢？若沒有奉差遣，怎能傳道呢？(羅十14～15上)

差傳發生在兩點之間，在十分特殊的耶穌生平，和那個來臨中的神國的普世目標之間。

為闡釋聖經中特殊與普遍的關係，紐氏提出一種聖經的揀選論，其實我在前文做的也是這一件事，只是沒有用上這個名詞罷了(因為那會引起神學方面的其他聯想，我不想讀者分心)。在第二章，我談到神如何把個人和羣體**單獨分別出來**，作為使萬人得福的工具。神的計劃從來不以「特殊」為目標，而是從一個「特殊」到另一個「特殊」，邁向「普遍」的方向。紐氏把神計劃的這個規律，與人性一些十分基本的東西關聯起來，與聖經的理解和基督教傳統的理解一致：

> 假如每一個人最終應被視為一個獨立自足的屬靈個體，那麼，要成就救恩，就必須藉著一個公平地針對每一個人以至全部人的行動。[2]但如果真正的人性是聖經所展示的一幅互賴和合作的現實圖畫，那麼，救恩就必須是一個把我們結連一起、恢復我們之間真正的互賴關係，並我們與自然世界彼此共享的關係的行動；這意味著，救恩離不開我們對彼此的開放，它必定是輾轉相傳的，它不會像房頂透進來的一道光線直接從天降下，臨到每一個人，它會是來自鄰舍的——藉著我們開門邀請鄰舍進來的行動，可是鄰舍必要被差

> 派(羅十14)，必要有人被呼召、被揀選作為傳送祝福的人。祝福是為全體的，但假若祝福本身不是用一種使人結連的方式來施出或接受的話，它就變成無效。神拯救世人的方式，若是要針對真正的人，而不是要針對一個疏離的「靈魂」的抽象概念，那麼，它必要藉著選召的方式——揀選、呼召，並差派某人把祝福帶給全部的人——來完成。[3]

這個很重要。我願意補充一句：從獨特到普遍的進程是必須的，不但是因世界上人類的生活互相關連，也是基於這位神之被人認識的方法；我們對神認識最充分的時候，是當這位普遍的神將自己變得特殊，向我們界定自己是亞伯拉罕的神、以撒和雅各的神，並耶穌基督的神的時候。神在以色列民族和在耶穌身上的具體歷史，就等於在我們看來，神的身分。因這特殊性，神變得不同了，可以被人認識了。

紐氏在該章正視了今日世界的一個難題，據他說，那是由於聖經自稱是「一套普遍歷史」而造成的難題：[4]這「普遍歷史」跟今日世界歷史所講說的人類歷史，關係如何？他的答案是：所有對歷史的詮釋，不單在乎手上的歷史資料，也在乎我們處理資料時所依據的前設、定理、理論和範例。基督徒是與一個故事——聖經故事——發生關聯的，這也是整個人類歷史的一部分；但聖經所聲稱的以及基督徒所相信的東西，卻揭示了歷史的全盤意義。[5]關於這揭示，有一點不得不提：一個故事的意義只有到結束之時才明朗，但聖經故事早在人類歷史結束之前，就揭示了整個人類歷史的意義。[6]

紐氏的結論是：「因此，基督教信仰是一種了解世界歷史的方法，它挑戰其他要詮釋歷史意義的模式，並將之相對化。」[7]在其他模式之中，他似乎特別想到啟蒙時期的人類進步論。[8]

當紐氏執筆之時，他以為下筆寫一種普遍歷史，並從整個歷史中找尋一個總體意義，會是一件可接納的事業，至少在西方讀者就如是(他認為，「普遍歷史的概念」不見於東方各大宗教，「是從聖經引進我們文化的」[9])。但他這個想法不久就遇到重大的挑戰。紐氏的書出版才一年，法國哲學家李奧達(Jean-Françios Lyotard)發表了日後哲學界知名的一個有關後現代的定義。[10]他把後現代界定為：對宏大敍事存疑。在李氏影響下，西方不少有思想的人逐漸把宏大敍事看成是現代的特徵，把不信或反對宏大敍事看成是後現代的特徵。

這些名詞我已在第一章約略介紹過。宏大敍事是嘗試講說一個涵蓋全部人類歷史的故事，為要賦予全部歷史一個單一整全的意義。提倡這類宏大敍事的人們聲稱能在一套詮釋系統之內，解釋變化萬千的人類歷史、人類生活和文化。有人把這系統叫做「總體化」(totalizing)的理論，它嘗試把一切東西都吸納在其對真理的理解之內。我在第一章的開頭部分，引述了首席拉比薩克思所提的大同文化，一種聲稱擁有適用於每個人身上的普遍真理的文化。這類文化講說一個宏大敍事，一個關乎全部歷史及其意義的大故事，其中一個例子是十八世紀啟蒙運動所生的現代西方文化。它的宏大敍事是進步的信念，它假定了人類是走在一條不斷進步的路上，邁向一個更美好的、最終是烏托邦式的未來。現代西方的惟理價值觀，被認為是一套普遍價值觀，故它們的傳播是全人類的天然福祉，而現代西方對一切文化的壓制便是進步。達致進步的途徑是教育、科技，和帝國主義。

在紐氏成書的一九七八年，他可以假定(在一個西方處境下)，問題在於宏大敍事之間有差異：聖經講説的故事，即基督教的宏大敍事，本身對特殊與普遍的關係有其獨特理解(它還有別的特色)，可以視之為與眾多俗世的宏大敍事如進步論或馬克思之類迥然不同。李氏給後現代定義為對宏大敍事存疑，隨此而來就有對宏大敍事的嚴厲批判。

根據李氏等人的定義，後現代就是拒絕一切宏大敍事；因為，它們既然是試圖要把個人的價值觀或文化變成普遍的，那就必然是專權的、壓制的，它們只能藉鎮壓之法吞納差異。後現代主義暴露了一點：宏大敍事是實現權力和支配的手段。後現代主義不支持這類普遍的權利，反而擁護特殊性、多元化、地方性和相對主義。後現代主義不只是無法相信任何宏大敍事，更是有原則地支持多元化、異質性，反對普遍化和一致性。一方面，後現代主義公然反對現代西方的宏大敍事，一方面，它無形中對早已存在的宏大敍事如基督教和伊斯蘭教加以批評。要是從這個對一切宏大敍事存疑的角度看，紐氏在他的書內談到的不少東西，以及我在本書內談到的很多東西，就很可能會站不住了。

故此，我們要在此重拾在第一章裏開展的對話，在其中我們曾就薩克思對各大普遍文化所推動的文化帝國主義而作的批評，開展了話題。我在起初的對談中，質疑他把特殊與普遍關聯起來的方式，而在我繼後的討論之中，我不斷闡釋一點：聖經故事是一個從特殊到普遍的進程。而此刻，當我們就這一點所可能引起的、來自後現代主義者的批評作出回應，我們就可以更徹底地了解到，一些主要區分聖經故事和現代宏大敘事的重要特徵。

那麼，我們就我們需要回應的批評，先作一點歸納吧。本書的中心主題——聖經所顯示的從特殊到普遍的進程——豈不是一種帝國主義，或教會全球化，一種從教會出發的自我擴張的形式嗎？教會藉此把它的故事普遍化，強加於別人身上，使別人屈居其下，壓制了他們自己的故事，剝奪了他們編寫自身故事的機會？有人會問，近代總體化故事的整體現象，從啟蒙時期的進步論，以至歐洲帝國主義、馬克思主義，及至全球化資本主義和全世界的美國化 (Americanization)，並隨之而來對人類的自由和多元化嚴加鎮壓、壓制其意識形態的現象，其根源難道不正是因為，基督教教會不惜一切地犧牲別人的利益，強行將自己的敘事普遍化嗎？以上的部分敘事，的確曾披上基督教的外衣，使自己合法化；而教會和它的差傳使命，有時候也從這些現代形相中的黑白兩面表現出來，這是不能否認的。我們的問題一定是，到底**聖經的敘事**這個從特殊到普遍的進程，有沒有一些甚麼東西，使它和以上受人質疑的總體化理論有根本的區別。抑或，我們得躲進那種只能容納本地性敘事 (local narratives) 的激進的多元主義去，絕口不提更廣面的相關性，完全丟棄對意義的尋求？(這種意義要求勾畫一個整體意義，如果我們要活出有意義的個人故事的話。) 問題不但是人類對歷史意義的渴求，更是關乎一位並非全然不可知的神的立場。

聖經故事是非現代的宏大敍事

其實，當李奧達對宏大敍事加以拒絕之時，他心目中想的，不是那個基督教故事。據他所界定的宏大敍事，是現代後啟蒙時期的典型現象。這樣說並不使他的評論變得與聖經的宏大敍事完全無關，但這的確要求我們小心區分聖經的宏大敍事和現代時期世俗的宏大敍事。李氏針對的目標，是現代理性運動的種種形相，這運動渴望對現實(包括人類狀況)有一種全面的詮釋，因此尋求一個以理性為基礎的普遍標準，藉此透過科技，整頓社會，解放人類。一個現代宏大敍事，是一套總體化的理論，旨在以一套全面的理性的理論，涵蓋一切事件、一切觀點，和各樣知識。它假定了，現實(包括自然界和人類歷史)基本上是可以憑藉理性了解的，因此可以按著人類對進步的關注，將現實服從在理性的主宰之下。據後現代主義的評論，這類宏大敍事是西方賴以支配世界的意識形態工具。

在第一章，我提出要慎防這個試探：把聖經故事與現代的進步概念同化。神國的來臨並非隨著時間累進的事情。再者，聖經故事也決不是一個受人類支配的故事，它不像現代的進化神話，它沒有描述人類為自身的目標所取得的成就，甚而沒有描述在歷史發展的過程中，有甚麼內在的運作原理。它看歷史，是從神的自由與旨意，以及人如何運用自由去順從或違抗神的角度出發的。歷史並非無限制地可以憑理性領悟和掌握的，只有在神啟示祂的旨意，實現祂旨意的情況下，歷史才變得可以被了解。人的角色在歷史上固然重要，而在聖經裏適當的地方也會對人類作出表揚，但人類的成功在乎順從神的計劃，且需要神的配合。它的結果是不受人的算計左右的，無論人的籌算如何周詳，歷史有充足的空間讓偶然性發生，所發生的事，很多——也許大部分——都不是人類有意做成的。在某種重要意義上，聖經故事當然也揭示整體的意義，但這並不使神對歷史的計劃變得通透明白，在大部分發生的事上，神的旨意始終深不可測，正如當保羅極其大膽，嘗試要從自己對外邦人的使命上察驗神旨之後歎道：「他(神)的判斷何其難測！他的蹤迹何其難尋！」(羅十一33)

我們對差傳的看法必須認真顧及以上差異，它和典型的現代歷史觀不同，因後者看歷史是人為的事業，在人的操控之下完成。正如我在第一章指出的，差傳是神先做工，之後才輪到我們。我們見證的結果是無可預測的。差傳固然必須因應處境進行，但它也必須向著聖經故事為我們所開啟的種種可能——在神恩典裏可能發生的一切——開放。神不斷使用我們為祂作的工，比我們能用的要高明；而神也不斷防止那因我們的愚昧和失敗而造成的損害。聖經沒有把從五旬節到神國的路，詳繪在一幅地圖上，它邀請我們信任神，而不是操控或預測歷史。我們儘可相信，神是信守諾言的，但在實現祂的諾言上，祂始終有其自由。就如我們必定早已從整個聖經故事曉得一點：總會有叫人震驚，出乎意外的事；神的行動與人的期望之間，既有和諧一致的情況，又有超乎想像的情形，後者的出現不少於前者。故此，在許多方面，差傳都不是把預定的模式實施在歷史中，而是對神在歷史上無可預計的方法開放。

在此，又有相關的一點：聖經相當程度上不像一部傳統小說，它**並無**一條從中開展嚴密佈局的單一主線，它是一部旁枝繁茂的結集，其中有敍事文，又有不少非敍事文的材料，與敍事文形成種種不同的關係，以明顯歧異的方式，把故事的主要旁枝說了一次以上（試想想例如四福音，或舊約中的列王紀和歷代志）這樣就同一個題材作出多角度的描寫，就足以粉碎任何期望，以為可從聖經發現一個讀者毫無困難地接受的、單一的觀點了。我們反倒是得到了鼓勵，要從多個角度看相同的事件。此外，聖經又有豐富雜亂的敍事內涵：大故事中又生出小故事、未完的故事發展線、引發想像的提示、意義有待斷定的模棱兩可的故事、先知或使徒在所著書卷內的敍事片段、所援引的一些典外故事，以及一些對敍事文的正確性構成挑戰的非敍事文材料。所有這一切，都叫人不可能以任何**最終定案**來概括整個聖經故事。聖經本身從頭到尾都沒有為整個故事提供一個總結。它有好些對部分故事的小結，但它們之間的分歧程度，同樣不低於其一致的程度。聖經故事的小結，或多或少總是重要的，但它們不可能代替所要概括的聖經故事；從後者可見，我們是無法對前者下一個定論的。換句話說，聖經故事是不可以採用一套妥當而永不需要修正或更換的最後詮釋來概括的。本書經已說明，要尋索聖經總體上的故事發展，永遠是一項需要讀者**努力從事**的任務。

那些嘗試要勾畫出聖經故事的大綱，並從中辨清它所表現的神旨的人，往往容易陷於一種試探——要淩駕於聖經實際的內容之上；這些內容以敍事文或非敍事文寫成，其實是複雜無序的。對於擁有系統神學思維的人，這些小故事叫他們很覺為難，因它們不容易被納入一個故事大綱之中。有太多片段看似結局不明，又有太多片段指向兩個相反的方向。利用正典釋經（canonical hermeneutic）以全部解釋部分，乾脆把不容易融入整體的部分壓下去，這是很誘人的。可是，聖經中這些實在的故事形式，必定有它要傳遞的信息：特殊本身有它本身的完整性，不應該為了一個容易叫人明白的普遍而把它壓下去。某種意義上，聖經的確講說一個總的故事，包涵它的全部內容，但這故事不像一件緊身衣，把一切約化為偏狹一律的東西，相反，它歡迎相當程度的多元化、張力、挑戰，甚而是看似自相矛盾的情況。

聖經故事與經濟全球化

對於後現代主義之拒絕一切宏大敘事，有一個回應：不論我們喜歡與否，我們是活在一個全球的世界中；要活得負責任，我們當然需要從全球的角度作出思考。[11]據倫敦經濟學院院長紀頓斯（Anthony Giddens）說，全球化「是我們今天的生活方式」。[12]我們身處的真實世界，並非一切宏大敘事的終結，反倒是，經濟全球化的神話逐步支配著人類。此刻，我們重回我在第一章介紹過的一個見解，我說的經濟全球化，意思是指自由市場經濟及它所帶來的文化、消費心態的個人主義（consumerist individualism）通行全球，它們都是由那些以美國和其他西方國家為基地的跨國公司控制著的。這是新的帝國主義，是以經濟為本的，和過去以政治和經濟為本的帝國主義不同，事實上是資本主義經濟（capitalist economics）主宰政治的象徵。就全球化的意識形態來說，它出於早期的進步概念，不同之處，在於它把進步約化到經濟增長：有了經濟增長，其他好處就自然隨之而來。把它稱為一個宏大敍事也不為過，因它設定了一種世界觀，一種對人類幸福的看法(美國消費主義者的夢：財富與魅力)，又因為它講説一個故事：由不受規管的資本主義主宰全球，是無可抗拒而又有益的事。再者，後現代主義批評宏大敍事是把壓迫合法化的手段，經濟全球化在這一點上很容易被擊倒。毫無疑問，全球化使富裕的國家變得更富裕，貧窮的更貧窮(又使各國內部貧富之間的距離更大)，其意識形態雖聲稱是要使全部人得益，實際上是為謀求富人和有權勢之人的利益。在一個著重最高利潤，不斷增加財富，而不看重人類基本需要的經濟體系裏，這肯定是無可避免的。

為證明全球化的結果擴大了貧窮和富裕國家的距離，以下的數字可以提供説明：[13]

近年全球收入分配比例

年份	最富有的20%人口持有	最貧窮的20%人口持有	富／貧比例
1960	70.2%	2.3%	30 : 1
1970	73.9%	2.3%	32 : 1
1980	76.3%	1.7%	45 : 1
1989	82.7%	1.4%	59 : 1
1997	90.0%	1%	74 : 1

基督徒不可受這誘人的説法欺哄，以為這樣的經濟增長明明是對人類的一大好處。我們定要查明這個動聽的假設背

後的事實，問：我們所考慮的實際經濟增長，到底叫誰得益，叫誰受損？有利甚麼，破壞了甚麼？關於經濟增長，我們應該問至少三個嚴格的測試問題：(一) 它有沒有使最窮的人受惠？(二) 它有沒有破壞環境？(三) 它有沒有破壞其他(傳統)價值觀——這些與經濟繁榮至少是同等重要的？不但從第一個，就是從其餘兩個問題都看得出來，這個出現不久並且依然存在的經濟全球化，明顯破壞了神的世界，使世界變得貧瘠，罪責難逃。

有趣的是，若對經濟全球化這個世界體系作出分析，那些把世界分成中心點與外圍的世界觀，看來也並非那麼落伍。例如，伯曼 (Morris Berman) 這樣談到一組所謂核心的特權國家，以及一批受剝削的外圍國家：

> 核心國家是那些處於北半球特權地區的，諸如美國和西歐國家。這些地區集中了由優秀分子控制的財力、科技力量和生產(通常是工業)力量。而外圍呢，就包括了受剝削的地區，它們把自身的資源和人力賣到核心地區，那裏的財富它們壓根兒沾不上。核心地區的財富之所以增加，結構上是在於對外圍國家施行剝削。[14]

這一種全球化是新的帝國主義，[15]它繼續現代進步論那宏大敘事所合法化了的壓迫，只是如今藉現代傳媒和現代資訊科技施行吧。我們得說，西方後現代主義對它的評論並無提供令人信服或有效的反抗，後現代主義的相對主義太容易被經濟的實用主義同化（如塞比〔Peter Selby〕所見：「老實說，相對主義更有益」[16]）。我們其實需要甚麼，才能確認並抗拒這個全球化的宏大敍事？必定是一個故事，抱有一套普遍價值觀的堅強信念，足以抗衡那由利益掛帥及消費文化主控全球的力量吧？而基督教的敍事，只有在拒絕成為支配者工具的條件下，才能擔當這個角色。

基督教與西方帝國主義進步論等壓制性的宏大敍事，兩者之間有無可置疑的牽連，基督教可以相當程度抽離這種牽連，而在現代的宏大敍事和後現代主義之間找著一個位置嗎？有人會認為，要教會從經濟全球化的權勢下分別出來，會比以往把它從西方殖民主義和文化帝國主義分別出來為容易——畢竟，十九世紀和二十世紀初的西方文化，真的比現在的更接近基督教，故也實在太容易把為耶穌作見證和輸出西方「基督教」文化混淆，現在呢，西方文化變得愈來愈後基督教、更是反基督教的，要分別出來並顯示這個分別就應該容易些。

大概很可能，惟有當西方基督教開始抗拒消費主義、過度個人主義，以及剝削外圍國家等惡事，世界其餘地方的基督教才可以真正從西方對其他文化的經濟壓制、文化壓制下分別出來。記得我在第二章說過，聖經故事是一個從最小到全體的進程，若不與世界上窮人之中最窮的認同，無論哪個地區的差傳都不只是一種讓步，更是無效的經營，因它已偏離聖經勾畫的神待世界的方式。

阿根廷福音派神學家帕迪拉（René Padilla）說，經濟全球化是二十一世紀初「基督教差傳面對的最大挑戰」。[17]

聖經故事與見證真理

我們現在必須回頭看看，後現代主義對宏大敍事的批評，並我們如何嘗試區別聖經的(非現代)宏大敍事與後現代主義所反對的、作為操控手段的現代宏大敍事。在此之前，我已提出要注意的一點：聖經故事是向神開放的，不在人的思維掌握之中。可是，後現代主義的批評，也要求我們對基督教所主張的聖經宏大敍事的**真理**作出認真的思考。

在後現代主義看來，凡擁有普遍真理者都是壓制性的，因為它取消了差異的合法性。我相信到了最後，基督徒必定寧可選擇這個主張，而不要真理的相異性(多元化)。問題不是這類多元化或任何多元化本身都是好東西——有些人的生活被一些破壞性的幻象所扼殺，並不會比他們自身的幻象破滅為佳。重要的是，第一，不應把聲稱為普遍真理的一套，鼓吹成是封閉的最後定案。在歷史持續不斷開放的過程中，除了終末的結局以外，有關真理的主張始終是受爭論的問題。事實上，真正能夠開放對話，對另一種真理開放的，並非那羣對真理漠不關心的相對主義者，而是那些承認並主張真理的人。但這也意味一點：第二，任何有關真理的主張，都不可強制人贊同。強制手段與真理的本質相違，它開了一扇門，讓真理被扭曲，成為主宰欲的工具。存在的暴虐政體，肯定不比那些強制推行他們所信的真理的政體為多。可悲的是，過去基督徒曾把基督教當作是強制推行的真理，故此我們得在這一點上十分清晰、十分堅定。正是由於基督教真理的本質，使它不能被強制推行。強迫接受信仰就是破壞信仰，把所信的真理變成謊言。

主張真理的方式，必須與真理的內容相稱。譬如說，科學真理有它本身的發揚途徑和驗證方法。聖經本身常常提供的一個宣揚真理的正確方式，就是訴諸於見證。這是一幅極其寶貴的圖畫，足以抵消後現代主義的質疑——它認為所有宏大敘事都是壓制性的。見證不是強迫出來的它有的不是權勢，而是它所見證的真理令人折服之處。見證人當盡的本分，不像律師那樣藉口才說服人，而只是為他們有資格為之提供證據的真理作證。但如果要為神的真理和世界作合宜的見證，這見證就必須是一個以整個生命甚至死亡作證的活的見證。如此，該見證就能顯明是不自私的。在我們的時代，見證人很可能是為真理對抗種種主宰欲形式的主要戰士。

當我們考慮見證是否合宜的時候，當然離不開它所見證的真理類別。聖經中「見證」這個主題取自以賽亞書後部的篇章(一如新約的宣教觀和宣教術語之取用以賽亞書)，特別在約翰福音和啟示錄加以發揮，它想像歷史是一場為真理作戰的全球角力賽，在其中以色列(和耶穌)的神要向列國展示祂獨一無二的真神性，神的子民是見證人，為祂的真理和祂偉大的拯救行動作見證。這幅圖畫的重點，與其說是在授權一位代言人(如同一個人受神差派或任命的圖畫)，毋寧說是在出於對這位神的觀察和體驗而有的講說能力；這位神的身分沒從事物的現象普遍顯明出來，而必須從祂在以色列人和耶穌的特殊故事中認識。祂的確是萬物的創造者，是萬物之主——再沒有比以賽亞書和啟示錄的呼籲更強調這一點了，這兩卷書呼籲所有人承認，祂的真神性——但這位創造者、這位主確實是誰，卻是從祂在以色列人和耶穌身上的特殊故事看出來的，這就是為甚麼聖經常常把差傳與顯揚神的名相連，就如在馬太福音的大使命有關洗禮的吩咐（太二十八19）；神的名字界定了祂在聖經故事裏所賦與自己的身分。如此，見證就是一個媒介，把聖經故事的特殊性及其主張的普遍性接連起來。

為這位神作的見證，同時也必定是反偶像的見證，它與為非神的偶像而作的假見證相對抗。[18]偶像崇拜的經營其實往往是投射，反映了人類渴望實現主宰欲但受到挫折。我們今天必會想到，消費主義（以及其他）所實行的，對整體生活及全球的支配，其意識形態背後潛藏著自私和永不滿足的偶像。而與這些非神的支配對抗的真神的管治，跟它們並非同類，卻在本質上和它們有別。真神的管治必然有這些特質：所講說的，是脫離法老管轄的出埃及的故事，以及由西乃之約所餔育的人類生活模式；講說那位受苦的僕人、耶穌所宣講的神國及其來臨、祂的被棄、十字架、門徒的訓練並他們的從容就義。換句話說，當基督徒發覺，他們的宏大敍事是和另一個進取的宏大敍事面對面的時候——不管那是全球化或伊斯蘭教或甚麼別的，最重要的一件事，是重複講說聖經的故事，特別是耶穌的故事，這既是我們見證的一個重要部分，又是惟一的方法，讓我們不至失去我們對所見證的對象的知識。假如沒有對這個本質上與別不同的神國的見證，基督教的宏大敍事就會像許多別的宏大敍事，很容易淪為主宰欲的工具——正如我們可以從基督教歷史一些令人婉惜的片段中所見的。

在預防差傳被人的主宰欲破壞一事上，哥林多前書的頭四章是很基本的。我們在第二章已經提過，保羅遇見的問題並非福音信息被屬靈化，像諾斯底主義之類的問題(這是聖經學者的普遍想法)，而是期望以福音信息作為宣傳自己、推銷自我的手段。這些高抬自己的經營構成了哥林多社會的動力。保羅用基督的十字架挑戰這類經營，顯明福音本身是完全不能被這等經營同化的。當他聲言，在哥林多傳道之時，他定了主意不知道別的，只知道基督釘十字架(林前二2)，他的意思並不是說，除了十字架之外，再無傳講其他關於神的信息；他的意思是，他講說的神，其敘事身分無可避免地必然牽涉十字架。值得注意的是(我們已在第二章指出)，保羅的記述其實不只訴諸於十字架，也多方訴諸於舊約裏對神的描述；舊約刻劃的神，祂本性的特徵是揀選無權力的、微不足道者(林前一19～21、27～31，三18～20)。神在十字架上的行動，是按著祂在聖經故事中為人認識的個性，又是按著那在聖經故事從特殊到普遍的發展線中舉足輕重的方式進行的。在此，在被釘十架的基督身上，神把自己界定為一個與所有人類認同的一個人，這個「特殊」也是具有拯救普世力量的那個「特殊」。這自我界定並非在自我膨脹一點上與人性認同，而是在降卑的一點上，在人類主宰欲下受害的人性上，與人性認同。任何要把這個信息吸納到主宰欲的經營之內，利用它作為欺壓者工具的企圖，若要達到它的目的，惟一的方法就是，把十字架埋藏在動聽的修辭之下——這種動聽的修辭正是保羅加以拒絕的，為免它剝奪了十字架的能力。事實上，十字架的能力也許是最能有效地衝破不少目下西方文化損害人心的犬儒哲學；主宰欲是人類關係中那潛藏的議題，不管它們表面看來是多麼的大公無私。[19]

當保羅記述，十字架是對教會所見證的**內容**的關鍵測試(其中的主題交織在哥林多前書的頭幾章)，他也是說，十字架是對教會見證**形式**的關鍵測試。保羅身為基督的使徒，他的生活和傳道只在一個條件下才達到為福音的目的，就是不依從那些與十字架的信息相違的社會價值觀和策略，那些正是哥林多基督徒仍在採納的。教會的差傳與其社區生活分不開，是另類生活方式，與她的社會文化處境成為對照，這一點的重要性在保羅書信不如在登山寶訓或雅各書那樣為人關注，而我認為，在哥林多前書，它的重要性至少和登山寶訓一樣，只是，當神(可以說)已從基督的十字架定準了自己的敍事身分，不再撤回之時，教會在差傳上的敍事身分卻還未固定，在教會故事的每一個新時機，它對十字架的順從範圍仍有待探索，而它對被釘十架的神的忠誠，必須在面對自我膨脹的持續試探下尋求並取得。

面對全球化力量下的見證

聖經敍事能夠以一種合乎聖經中神管治的本質的方式，對抗今天那些主控全世界的勢力的敍事嗎？這答案其中一個要考慮的因素是：聖經的宏大敍事，它的部分輪廓是由反對同時代的全球化勢力所構成的。按聖經本身的描述，聖經的宏大敍事，絕少是以主宰世界的宏大敍事姿態出現的。而更常見的情況是，它是與各個大國的主宰性故事相對抗的，從法老到羅馬，都各自講述它們的宏大敍事，肯定它們神聖的管治權。這些故事的特色是，宣揚大國的永恆性(賽四十七8；啟十八7)，歌頌它們一統天下的神聖功業（賽十四13～14；但四30；啟十三5～8）。這些故事當然是封閉的故事，將壓迫合理化、壓制異見。聖經的宏大敘事最具帝國主義和軍事色彩的地方，是在反對這些主宰性的故事上，特別在但以理書和啟示錄的異象中，肯定了神的權力淩駕於地上一切未來的神聖統治者之上，預見它們的敗亡，它們被神無惡不勝的管治所替代。這些異象建構了一個抗衡敘事，抵抗那個帝國主義敘事，開創了一種不一樣的觀看世界的方式。它們容許一種對壓迫的非武力反抗，讓神的子民能夠繼續抗衡諸大國的終極性和神性。但它們並不表示神國只是一種更強大、更成功的帝國勢力，它們見證的，是一種迥然不同的管治。[20]

在這一點上，我們若要看得更詳細的話，可以回到上文說的聖經地理的話題上。路加福音記述的耶穌出生的故事，先是以這項資料開始的：「凱撒奧古斯都有旨意下來，叫天下人民都報名上冊」，那就是，為課稅的目的（路二1）。凱撒奧古斯都怎麼樣能定規叫「天下人民」都報名上冊呢？路加用的字眼（οἰκουμένη），被希羅多德及後來的希臘地理學家、歷史學家用來指稱人類居住的整個世界，即那個他們相信是被周圍海洋所包圍的歐亞非三大洲。羅馬帝國的領土並無擴展到這個世界的邊界。譬如說，東面有版圖廣大的帕提亞帝國，從幼發拉底河（雖然因與羅馬交戰，邊界時而有變）延伸到印度；帕提亞帝國之外又有印度，其版圖不詳，但在羅馬帝國人民心目中，必定不容忽視。路加的語句是嚴重誇張了，可他也不過是——有意地——反映了羅馬帝國的官方意識形態而已。

羅馬繼承了東方諸大國主宰世界的事業，它們誇張的宣稱在但以理書尤其突出（但三4、7，四1，五19，六25；參耶二十七7）。征服世界是羅馬帝國聲稱的目標，而奧古斯都就特別聲言，自己已完成大業。[21]在奧古斯都留給後世的執政紀錄（*Res Gestae*）中，他詳列了自己如何征服世上有人居住的全地（*orbis terrarum*，與οἰκουμένη同義的拉丁文）。[22]他列出在他任內臣服於羅馬的大串民族名稱，但特別著重羅馬權力擴大到地極的這一點上。正確地說，這不能稱為征服，而是為證明羅馬帝國已滲透到最遙遠之地，換句話說，羅馬帝國的支配權也伸展到地極了。紀錄中又提及在衣索匹亞和阿拉伯的軍事探險，又有印度諸王派使節來，更特別提到羅馬在歐洲西岸和北岸的考察，包括到日德蘭半島（Jutland）的一次探險。在奧古斯都治下的羅馬，是第一個到達這些世界最北地區的大國。雖然羅馬實際上不曾把以上所有領土都納入其國土，但她至少說明了一點：沒有國家能認真抵抗她。這樣的修辭法誇張事實，為符合羅馬要主宰世界的深切期望。我們會想到，英帝國在它最顯赫的時期，或是目下一些全球化的美辭如何宣傳自己。

地極在羅馬的宗教政治意識形態佔著重要的位置，在奧古斯都後仍是羅馬皇帝追求的目標。尼祿王（Nero）曾打發兩個百夫長遠征，為追尋尼羅河的源頭，二人似乎來到一處位於赤道以北九度的地方，西方探險家直到一八三九年才發現該地。[23]羅馬將軍阿古利可拉（Agricola）在一世紀八十年代曾環繞不列顛航行。羅馬已主控世上有人居住的全地（οἰκουμένη）這個信念，甚至驅使人橫渡海洋，越過「全地」的界限去尋找可征服的新世界，實現傳說中亞歷山大大帝因早逝未能成就的計劃。大西洋領域尤其吸引，那裏是世界的盡頭（*ultima Thule*），象徵征服「最遙遠」的海島。[24]

因此，當路加描述耶穌囑咐門徒，作見證到「地極」（徒一8）之時，他不但叫人想起以賽亞的預言（賽四十九6，文中的「地極」是單數），也一定叫人想起羅馬的政治意識形態。耶穌提出了一個抗衡的宏大敘事，一個在羅馬之外的另類選擇，一個非以高壓權力講說而以見證講說的故事。早在使徒行傳十七章7節，耶穌的門徒已被人指控是搞亂天下（οἰκουμένη）的。很有可能在路加福音二章，路加已有意用彌賽亞君王的誕生，作為與凱撒之主宰世界成為對比，這位彌賽亞君王諷刺地生為凱撒的臣民（路加字裏行間透露了基督徒對帝國的批評）。羅馬政權免不了是宗教性的：羅馬帝國諸神使羅馬的軍隊得勝；故此，照著耶穌的吩咐為神國作見證到地極，就揭露了羅馬無限量擴張權力的野心其實是褻瀆神的。

這正是啟示錄一書中所發生的事，在這方面，它與使徒行傳之間並不如一般人想的那麼截然不同，但當然，說到啟示錄所預期，忠心作見證將會惹來武力壓制這一點，二者確實有所不同。啟示錄一次又一次重申羅馬政權在意識形態方面誇張的宣稱：凡住在地上的所有人都拜那獸，萬國都喝巴比倫淫婦的杯（啟十三8，十八3；參十七2，十八23）。一方面，羅馬抱著她自命為神聖的宣稱，一方面，真神爭取來自列國對祂的效忠，二者在交戰中分別以武力和謊言，及以忍受苦難見證真理作戰，就是由耶穌及其追隨者作的見證。明顯，該書把羅馬描繪成一個非軍事武力非政治獨裁的體系（十三和十七章的獸），而是一個進行經濟剝削的體系（十七、十八章的巴比倫淫婦）；因客商發達的巴比倫淫婦就是羅馬城：「管轄地上眾王的大城」（十七18），她浩大的花費吸盡國內所有的產品和貿易，特別是從遙遠之地以至東方諸國運來的奢侈品。先知約翰在他準確而具代表性的清單裏，列出了共二十八項運送到羅馬的貨物（十八12～13）他並生動描繪出那些從她的貿易獲利的各類臣民——商人、船主及水手們——如何為羅馬的傾亡舉哀（十八9～20）。從中可見，約翰頗注意到他身處世界的經濟實況，在這個世界體系裏，羅馬是那個藉剝削周邊國家而變得富有的中心大國，那是我們可以從一世紀期望的、最接近當代經濟全球化的一件事。送到羅馬的貨物清單上，最後特別以「奴僕，即人命」（十八13；原作者的翻譯是"slaves–that is, human lives"）結束，這是約翰對全份清單的一點批評：羅馬是以人命作為交易條件。一些亞洲國家有生產廉價貨品供應西方富裕消費者的童工，從此我們可以斷定，同樣的批評也必定適用於目下的全球化經濟。

在啟示錄，那些為耶穌作見證的一羣（這見證是見證神的神性及其國度的真實，在根本上是與那主控世界的霸權和建構它的文化互不相容的），主要是藉著他們的不屈服作為見證手段（這並不否定有其他的見證形式，但這是最主要的形式）。他們忠心持守神和祂國度的真實性，甚至以性命為代價，拒絕拜獸或參與巴比倫的壓制行為，藉此否定獸的宏大敘事永無敵手、一統天下的宣稱。他們否定了沒有另類選擇這個褻瀆神的宣稱。雖然獸會把見證人置諸死地以證明自己的至高無上，但事實上他只證明了其權力不過是蠻力，而靠蠻力支持的權力是有其侷限的：他不能強逼人服從他、他不能抹殺見證人的見證，因為假如見證人死在獸的手中，這本身就會是對他們不肯否認的真理一種有力的見證，並且，也就會有力地見證了耶穌(耶穌本身的見證曾帶來祂的受苦與死亡)。為真理作證是樂於為真理受苦，這與主宰欲不同，它挑戰並擊敗後者。

聖經故事與文化多元性

整個聖經故事傾向與那些主宰全球的宏大敍事相衝突，並且，正如我們在哥林多前書的例子所見的，它又與模仿這些宏大敍事的地方故事相衝突，可是這卻不是它與地方及個別故事相遇的必然情況，聖經故事不是——不像經濟全球化那樣被人稱為是——一股抹去人類文化一切美妙的多元性的文化潮水。[25]也許，使徒行傳二章所記的，在五旬節發生的方言奇蹟，是證明這一點的象徵事件。這奇蹟在象徵意義上超越了人類語言的分歧性：語言不再把人類分隔，不再妨礙人際間的了解，如昔日在巴別那樣。可是語言的分歧性(多元化)並沒有就此取消，每個人都從自己的語言聽見了福音。這個奇蹟在某種意義上可說是頗多餘的，因為實際上在場的人其實每一個都懂希臘文、亞蘭文或拉丁文，根本用不著那樣大為鋪張地，用各種地方語言講説福音。但神以這樣的方式把巴別事件逆轉，顯明祂有意肯定人類文化的多元性。當保羅説，在基督裏再不分猶太人、希臘人、化外人、西古提人(西三11)的時候，他否定的是文化特權而非文化的多元性。

聖經故事不只對其他故事作出批評，也歡迎其他故事。在它邁向神國的路上，並不廢除其他所有的故事，而是使它們都與自己以及它邁向神國的歷程發生關係。它成了所有故事的故事，把一切可以與以色列和耶穌的神發生正面關係的，都收入神國裏面。聖經的宏大敘事中有那麼多的小故事、那麼多的其他故事的片段和鏡頭，實在是這一點的證據和保證。作為神國的「普遍」，這「普遍」絕不是千篇一律的，或是強行壓制差異的，而是一個境況，在其中每一個「特殊」從它與神的關係中獲得它的真正命運——這位神是全人類的神，因祂是耶穌的神。我們可以重溫聖經中的最後一卷書，在那裏，管轄地上眾王的巴比倫，在與神國的故事相衝之下傾覆了，並且消失得無影無蹤；另一方面，萬國把它們的榮耀尊貴帶到新耶路撒冷來，它們把自己所擁有的一切帶來，作為獻給祂的榮耀和讚美（啟二十一24～26）。

總結

有幾位基督徒作家對目下的全球化現象進行反思之後，從中得到一點提醒，那就是我們在本書內界定為聖經邁向普遍的進程。例如，塞比就有如下的見解：

> 現在，我們可能與地球上各處的人彼此交往，其範圍之廣、速度之快叫我們想到聖經説的，有關神的工程全球化的特性，即神的計劃的普遍性。我們不禁覺得，全球化通訊的刺激，某程度正向我們發出迴響，説出了神的心願（在祂而言，使流亡國外的以色列人重

> 返家園，只不過是小事)，説出了路加的福音著作那充滿勝利意味的結語——福音傳到羅馬帝國的中心，羔羊在宇宙性的層面得享最終的榮耀。神的旨意是全球性的——事實上，是宇宙性的。[26]

同樣，古華德(Bob Goudzwaard)有這樣的反思：

> 遠在目前的科技和經濟的全球化還未開始之前，神那關乎全球的好消息已經發出並開始它的工作了。所以，全球化的概念對聖經不是陌生的……我們可以説，神的秩序裏，定規有它自成一格的全球化，以彌賽亞君王的來臨為方向。如此，問題就不是，到底基督徒應該支持或反對全球化；問題反而是：「我們應當支持怎麼樣的一種全球化？」[27]

我們應當支持的是怎麼樣的一種全球化？基督徒教會被獨特地安置在當代世界中，在這世界裏，全球化的發展前所未有地淩駕於國家和地方團體之上，基督教教會既是跨國的事業，又得紮根於地方性，它從神領受的使命要求它不斷跨越界限，卻只是為了那些它以各種特殊的地方和處境所接觸到的人。它的使命使得它與各種政治、經濟或文化的力量都不一樣，後者是犧牲他人來獲取部分人的好處。它不能以一種強制他人的措施真實地存在；惟有當人樂於接受它作為自己一部分的時候，它才能真實存在。如果要它始終忠於它的主的話，它就不可能讓自己被別的利益、關注所吸納而變成附從於這世上任何力量的一種意識形態。

當然，教會的實況往往是頗不同的，而這不同是那麼的常見，以致上面的一段文字在很多人聽來是沒有可能達到的理想，但教會的差傳總離不開教會不斷的回轉，不斷留心神的呼召，領受祂所賜的聖潔、忠貞與分辨真理的能力。因目下的全球化是一個全新的處境，這些事必要以切合新處境的新方式進行，由於跨越世界界限的通訊、認識、參與和行動而帶來的很多事物，都可以受到基督徒的歡迎，多少以之為跟「神自成一格的全球化」(古華德所說的) 或「神的工程全球化的特性，即神的計劃的普遍性」(塞比所說的) 等說法是真正配合的；但對於很多其他的事物，則必須暴露它們的真相，讓人看出它們是為求一己之欲要達到全球化的野心，是剝削和壓迫的手段，是與神對窮人的關切、與受造世界的完整性和多元化、與人類社會的真正繁榮相違的。這是個艱辛的處境，為基督徒見證造成了機會和挑戰，它必須把教會差回聖經去，在感通為一之中往外發展 (特別是與那些受害和被忽略的一羣)，在神國來臨的期盼中往前邁進。

註釋：

1 L. Newbigin, *The Open Secret* (London /Grand Rapids, Michigan: SPCK/ Eerdmans, 1978), 74.

2 值得留意這個比較具東方特色的宗教觀，如何 (即使只在表面上) 與目下西方社會過分的個人主義關聯起來。這解釋了東方宗教和類似的屬靈觀為何在西方大受歡迎。

3 Newbigin, *The Open Secret*, 78～79.

4 Newbigin, *The Open Secret*, 91.

5 Newbigin, *The Open Secret*, 98～99。觀乎討論中提及的這個觀點及其他地方，紐氏的思想似乎是從潘寧博（Wolfhart Pannenberg）的作品得到啟發的，雖然他並無提及潘寧博。

6 Newbigin, *The Open Secret*, 95.

7 Newbigin, *The Open Secret*, 99.

8 Newbigin, *The Open Secret*, 96～7.

9 Newbigin, *The Open Secret*, 96.

10 J. F. Lyotard, *The Postmodern Condition*, G. Bennington and B. Massumi trs. (Minneapolis: University of Minnesota Press, 1984), xxiv.

11 T. Eagleton, *The Illusions of Postmodernism* (Oxford: Blackwell, 1996).

12 A. Giddens, *Runaway World: How Globalization is Reshaping our Lives* (London: Profile, 1999), 19.

13 W. Ellwood, *The No-Nonsense Guide to Globalization* (London: Verso, 2001), 101.

14 M. Berman, *The Twilight of American Culture* (London: Duckworth, 2001), 39.

15 參R. Biel, *The New Imperialism: Crisis and Contradictions in North-South Relations* (London/New York: Zed, 2000)。

16 P. Selby, "The Silent Word Still Speaks: Globalization and the Interpretation of Scripture", in C. Reed ed., *Development Matters: Christian Perspectives on Globalization* (London: Church House, 2001), 103.

17 C. R. Padilla, "Mission at the Turn of the Century/Millennium", in *Evangel* 19/1 (2001), 6.

18 參V. Ramachandra, *Gods that Fail: Modern Idolatry and the Christian Mission* (Carlisle: Paternoster, 1996)。

19 參A. C. Thiselton, *Interpreting God and the Postmodern Self* (Edinburgh: T&T Clark, 1995), 159～163；Tomlin, *The Power of the Cross*, 297～307。

20 E. S. Gerstenberger, "'World Dominion' in Yahweh Kingship Psalms: Down to the Roots of Globalizing Concepts and Strategies", in *Horizons in Biblical Theology* 23 (2001)，頁192～210主張，在古代世界的大國和以色列人對耶和華普世管治的概念之間，有一種更積極而不是更具爭辯性的關係，波斯帝國的個案尤其支持這一點。就這個案來說，他的進路

有可能成立。但明顯，Gerstenberger並無就巴比倫帝國、希臘化時期諸帝國、先知書或但以理書作出討論，只把討論集中於那些從非辯論的角度描繪耶和華的普世管治的詩篇上。

21 他不是第一人；例如龐培（Pompey）曾聲言自己「把帝國的疆界擴展到地極」，這聲明有一列長長的清單作為支持，記下了他已征服的國家和土地（C. Nicolet, *Space, Geography, and Politics in the Early Roman Empire*〔Ann Arbor, Michigan: University of Michigan Press, 1991〕, 32）。

22 Nicolet, *Space, Geography, and Politics in the Early Roman Empire,* ch. 1；J. M. Scott, *Geography in Early Judaism and Christianity* (SNTSMS 113; Cambridge: Cambridge University Press, 2002), ch. 1.

23 Romm, *The Edges of the Earth in Ancient Thought*, 155～156.

24 Romm, *The Edges of the Earth in Ancient Thought*, ch. 4.

25 Ellwood, *The No-Nonsense Guide to Globalization*, 53.

26 Selby, "The Silent Word Still Speaks", 100.

27 B. Goudzwaard, *Globalization and the Kingdom of God* (Grand Rapids, Michigan: Baker, 2001), 20.

被釘的神——新約的獨一神論與基督論

God Crucified:
Monotheism and Christology in the New Testament

包衡(Richard Bauckham) 著/李樹德 譯/HK$48

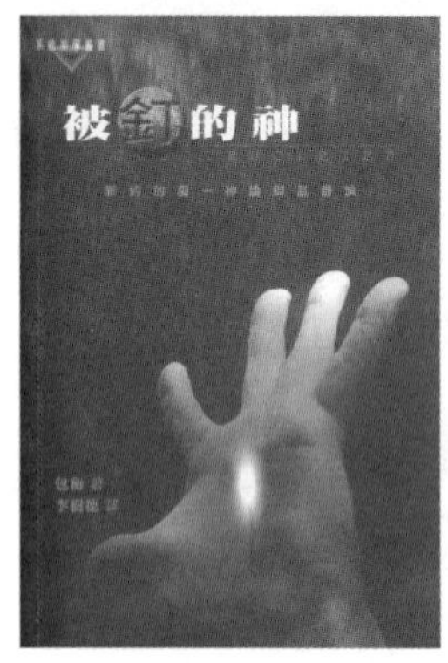

本書據包衡主講「迪斯貝利講座」內容輯錄而成。他以第二聖殿時期的猶太人對獨一神的定義作為標準，指出新約作者怎樣透過詮釋舊約經文將耶穌包含在獨一神的本體之內，並從而排除一切將耶穌視為任何階級的居間形體的可能。作者又刻意擺脱希臘哲學自四世紀(尼西亞神學)以來對基督論的影響，在猶太獨一神論的語境底下重構早期的基督論，引用了新約基督論的經文，解讀新約作者對第二以賽亞經文的詮釋，進而論證被釘的耶穌既作為神，對獨一神有怎樣的意義。

當祂甘願被掛在木頭上

At the Cross: Meditations on People Who Were There

包衡(Richard Bauckham)、哈特(Trevor Hart) 合著/陳永財 譯/HK$68

當伯大尼的馬利亞順服耶穌赴死的決定時，彼得卻仍想以自己的方法扶助一位榮耀的基督。當該亞法必須除去耶穌時，猶大就出賣了祂。當猶豫不決的彼拉多成了謀殺耶穌的從犯時，巴拉巴卻得到新生。當祂甘願被釘十字架時，我們看見怎樣的祂？我們怎樣回應這樣的祂？

本書論述十一位與耶穌釘十架有關的聖經人物，不單描述細緻、分析清楚，還能為讀者帶來屬靈的指導，是默想、釋經、講道和查經參考的好材料。

聖經研究叢書　探索與鑽研神的話語，傳承真理。

啟示錄神學
The Theology of the Book of Revelation

包衡（Richard Bauckham）著／鄧紹光 譯／HK$88

坊間有不少中文的啟示錄註解作品，但能按啟示錄成書的歷史背景、文學體裁和內容特點解釋啟示錄的書著實不多。本書不單介紹啟示錄的體裁、本質和研讀啟示錄必須具備的知識，更深入啟示錄的視象世界，勾劃上帝的主權、基督的十字架和聖靈的工作，以批判偶像崇拜，呼召信徒忠心到底，為真理作見證，甚至不惜犧牲性命，方才是真正的得勝。作者包衡對啟示錄神學的闡釋，既照顧到昔日第一世紀的讀者情勢，亦復點出其對當前教會和世界的呼召和批判，從而顯出啟示錄的超越性和適切性。

政治中的聖經：從政治角度閱讀聖經的原則與範例
The Bible in Politics:
How to Read the Bible Politically

包衡（Richard Bauckham）著／廖惠堂 譯／HK$83

新約研究透視

黃錫木 著／HK$128

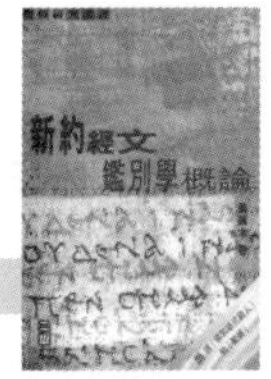

新約經文鑑別學概論

黃錫木 著／HK$83

認知解讀啟示錄

鄧紹光 編／HK$43

聖經導論叢書

一套高質素的原著作品，適合華人神學院和資深信徒使用的教材！

新約歷史與宗教文化導論

黃錫木、孫寶玲、張略 合撰／HK$93

在學習聖經的過程中，一般人都只專注於經卷的內容，而忽略了「聖經背景」的重要性，甚至認為它是可有可無的。然而，若要正確理解聖經經文所傳達的內容，我們必須從它們的處境出發。要成功地進入經文的世界，對經文的歷史和文化背景的認識是不可缺少的。全書分兩大部分：歷史篇遠溯至希羅文明的源頭，並介紹「兩約之間歷史」、「新約歷史」及「猶太散居地」。至於，宗教文化篇則分別介紹「新約世界的希羅宗教」和「猶太人的基本信念與實踐」，主要論及有關的宗教文化概念與神學思想。

福音書總論與馬可福音導論

黃錫木 著／HK$83

聖經正典與經外文獻導論

鮑維均、黃錫木 等著／HK$118

加拉太書導論

郭漢成 著／HK$63

啟示錄導論

吳獻章 著／HK$78

聖經通識叢書

兼顧學術研究的精確和執著，
並教會信徒生活上的實踐。

聖經鳥瞰

為您精簡而全面地展現聖經的本體與其來龍去脈

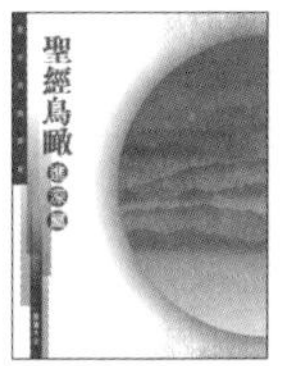

基礎篇 黃錫木 著／HK$78

進深篇 黃錫木 著／HK$58

聖經書卷要領

助您宏觀同類別的聖經書卷

耶穌生平與福音書要領 孫寶玲、黃錫木 著／HK$78

使徒行傳與保羅書信要領 張達民、黃錫木 著／HK$68

另有五冊陸續出版

聖經書卷析讀

助您進深分析個別聖經書卷的內容和信息

奔走風塵的僕人——馬可福音析讀

張略、黃錫木 著／HK$88

風起雲湧的初代教會——使徒行傳析讀

張達民、黃錫木 著／HK$58

情理之間持信道——加拉太書、帖撒羅尼迦前後書析讀

張達民、郭漢成、黃錫木 著／HK$83

另有多冊陸續出版

其他出版 讓您多方、多向，更完整地研讀聖經

實用聖經地圖集 Bible Atlas

John Strange 原書主編／黃錫木 中文版主編／HK$118

聖經導讀卡 黃錫木 著／HK$88

本叢書另備有配套參考讀物及答問資源，
並設活動、講座供主日學教師和信徒參與。

詳情可瀏覽基道網頁：**www.logos.com.hk**

緊扣時代 服事教會

以文字傳揚基督真道

讀者意見表

衷心多謝你購買本社書籍。本社一直致力以出版事工服事教會，幫助信徒扎根於神的話語，促進靈命增長。為使我們的出版更能滿足你的需要，請填寫下列各項資料，並寄回或傳真予本社。

所購書籍：____________________

本書最吸引你的地方：

□作者　□適切性　□文筆　□設計　□實用性

□其他：____________________

購買本書地點：

□基道書樓　□基督教書店　□非基督教書店

性別：□男　□女　職業：__________

信仰：□基督徒　□非基督徒

年齡：□ 16 歲或以下　□ 17～25 歲　□ 26～35 歲

□ 36～55 歲　□ 56 歲或以上

學歷：□中三或以下　□中五　□預科

□大學　□研究院

□我欲更多了解基道出版社的事工及考慮支持，請寄給我下列資料：

□機構簡介　□新書資料　□基道會員通訊

□《基道文字事工通訊》

姓名：____________________電話：__________

地址：____________________

____

傳真：__________ 電子郵件：__________

其他意見：____________________

____

多謝賜教！

意見表可以傳真（2687-0281）或直接郵寄以下地址：
香港沙田火炭坳背灣街26號富騰工業中心1011室
基道出版社編輯部收